英伦印象

〔美〕亨利·詹姆斯 著

蒲隆/译

百花洲文艺出版社
BAIHUAZHOU LITERATURE AND ART PRESS

图书在版编目（CIP）数据

英伦印象／（美）詹姆斯著；蒲隆译 . 一南昌：
百花洲文艺出版社，2015.8
ISBN 978-7-5500-1121-2

Ⅰ . ①英… Ⅱ . ①詹… ②蒲… Ⅲ . ①游记-作品集
-美国-现代 Ⅳ . ① I712.65

中国版本图书馆 CIP 数据核字（2015）第 180391 号

英伦印象

〔美〕亨利·詹姆斯 著
蒲隆 译

出 版 人 姚雪雪
责任编辑 王丰林 郝玮刚
特约策划 张晓清
封面设计 高静芳
出版发行 百花洲文艺出版社
社 址 南昌市红谷滩新区世贸路 898 号博能中心 A 座 9 楼
邮 编 330038
经 销 全国新华书店
印 刷 宁波大港印务有限公司
开 本 890mm×1240mm 1/32
印 张 7.5
版 次 2015 年 10 月第 1 版第 1 次印刷
字 数 151 千字
书 号 ISBN 978-7-5500-1121-2
定 价 32.00 元

赣版权登字：05-2015-314

网址 http://www.bhzwy.com
图书若有印装错误，影响阅读，可向承印厂联系调换。

目　录

伦 敦

I

　　有一个夜晚成了我对伦敦的第一印象——那是二十年前的一个星期日的日暮时分，阴雨霏霏，天昏地暗，大概是三月一日。我对它还有更早的印象，不过却像褪了色的墨迹，早已变得灰蒙蒙的了，而我说到的那个夜晚却是一个崭新的开端。至于有一天我会多么喜欢这个烟雾迷蒙的现代巴比伦，无疑我对此有着神秘的预感。特别肯定的是，当我回顾往事时，我发现临近、到达时的每一个细节仍然活灵活现，就好像一个庄严的新纪元给它注入了生气一般。这种临近的感觉在利物浦时已经强烈到难以忍耐的程度，因为在那里，我觉得万事万物都具有那种英国特质，这种感觉痛切得让人惊异，尽管那只不过是一种没有震撼的惊异。那是得到了强烈满足、经过了充分证实的期盼。还真有这么一种惊奇：怎么英国为了给我助兴，居然尽力表现出一副英国的样子。然而，如果这种感觉并不强烈，那么惊奇则会更大，而所有的快乐也就无从说起了。现在这种感觉似乎又像一个来访的精灵似的坐在那里，就像当初在阿德尔菲饭店的老咖啡屋一扇窗户里的小桌旁，它坐在我的对面吃早饭。它当时还是那座没有扩建、未曾改善、不羞不臊的本乡本土的阿德尔菲。利物浦不是一座浪漫的城市，然而现在回想起来，那烟雾迷蒙的星期六是一个巨大的成功，因为它勾起了我们在大多数情况下出国离乡时希望有的那种情绪。

利物浦早就表现出了这种特点——或者更确切地说，在二十四小时以前——人们放眼望过寒冬的洋面，爱尔兰海岸那奇异、阴暗、寂寥、新鲜的景象依然可见。我们还没有上岸进城，这种特点就已经更加真切了，黑洞洞的轮船在黄乎乎的默西河上瞎撞，上面是一片低得好像碰到轮船烟囱的天空，周围是极其昏黄摇曳的灯光。空气里，城市里，已经出现了几分春意；没有雨，更看不到太阳——人们心里纳闷，在世界的这一边，天上的那个大白点到底是怎么了；而那灰蒙蒙、暖融融的情景在找种种借口变成黑漆漆的一片，它本身就好像是一线希望。这就是悬绕在我周围的情景，当时我坐在饭店咖啡屋里的窗户与炉火之间——吃一顿很晚的早餐，因为我们上岸费时太长。别的乘客已经星散，他们个个胸有成竹，赶火车上伦敦去了（我们只不过是一小撮人）；我给自己找好了地方，觉得好像我的印象中有这种独享的财富。我曾把这种印象延长，我曾供奉过它，现在尝到这种全国有名的松饼，听到侍者来来往往时鞋子的咯吱声（什么东西还能像他高度专业化的腰板那么富有英国特色呢？它所展示的是一个富有传统的国家），报纸在手里沙沙作响，我却激动得读不下去，于是那种印象又完全可以追回来了。

那天剩下的时间我继续供奉，我觉得探究离开的方式好像不是一件富有感情的事情。我的好奇心一定是变蔫巴了，因为第二天我发现自己坐在礼拜日最慢的一趟火车上，磨蹭着向伦敦出发。好在有一位老先生与我同坐一个车厢。他已经看出了我比他年轻一点，而且是个外国人，于是跟我攀谈起来，要不是这样，火车那走走停停的磨蹭劲儿可真令人心烦。他向我介绍伦敦的风景名胜，给我留下了这样一种印象：除了圣保罗大教堂，别的都没多大看头。"你是不是见过罗马的圣彼得大教堂？圣彼得的装饰更加高级，你知道。不过你放心好了，这两座建筑中，还是圣保罗强。"我一开始说到的那种印象，严格地讲，就是天黑以后从尤斯顿街乘车到特拉法尔加广场的莫利宾馆时留下的。这种印象并不可爱——实际上还相当可怕，我带着行李，所以身不由己，只好坐上一辆油乎乎的四轮出租马车，在黑咕隆咚、曲里拐弯的街道上继续行走几英里①。我认识到这只是开头的第一步，随后的各个阶段将遇到许多愉快的事情。到了一个大城市，却不知道你该去哪里，真是件丢人的事，而当时的莫利宾馆在我的想象中只不过是那片浩瀚无际的地域里一个模糊发红的亮点。浩瀚无际是事实，那也是它的迷人之处；火车穿过了绵延数英里的屋顶和高架路、错综复杂的铁路枢纽和信号灯，才到了火车站，我已经对城市的规模有了一个大体的印象。天已经下起雨来了，我们逐渐深入到星期日的夜色中去。离开了利物浦，

---

①　使用于英国的非正式标准化长度单位。1 英里大约为 1.6 千米。

沿路田野里羊群的举动已经表现出某种白日将尽的感觉。不过乘坐出租马车这件大事却是深入刻板风俗的敲门砖。矮矮的黑房子就像一排排煤斗子一样死气沉沉，只不过在平常的角落里，从酒店里会闪出一点比黑暗还要严酷的灯光。饮酒的习惯显得同样刻板，而在这第一印象中，酒馆可意义重大。

事实证明莫利宾馆确实是一个发红的亮点；在我的记忆中璀璨夺目的依然是咖啡屋的炉火，依然是宜人的红木桌椅，依然是这样一种感受：在这个硕大无朋的城市里，此时此刻，无论如何这也算是一个庇护所，一个中心点。我所记得关于那一晚的其余的东西——也许因为我十分疲倦——主要是一张很大的四柱床。小小的卧室蜡烛插在深深的烛盆里，使它投射出一个巨大的影子，我简直不知道为什么，它使我想起了《英戈尔兹比传奇故事集》①。如果第二天一大早我就发现自己向着圣保罗大教堂而去，那也不全是照车厢里的那位老先生的话去做：我在城里有事情，而这个城无疑大得出了格。然而我主要回想起的还是穿过坦普尔城门的那种浪漫和当我走近克利斯托弗·雷恩爵士②的那件杰作时，《亨利·艾斯芒德的历史》③中的两句话在我脑海里萦绕的情景。艾斯芒德看见正在温莎的山坡上追逐鹿猂的"那个敦实的红脸女人"一点也不像"背对圣保

---

① 英国牧师 Richard Harris Barham（1788—1845）所写的一本轻松幽默、怪诞有趣的故事集。
② 雷恩（1632—1723），英国建筑师，坦普尔城门是他设计的。
③ 英国小说家萨克雷（1811—1863）写的一部历史小说。

罗大教堂、脸朝往拉德盖特山上爬的大马车"的那尊雕像。当我从我乘坐的双轮双座马车的防雨围单上望过去，看着安妮女王时——雕像给我的印象是又小又脏，车子却毫不费力地爬上了慢坡——想到这部无与伦比的小说的主人公竟然非常熟悉这尊雕像，还真够刺激的。全部历史似乎又复活了，连续不断的往事在我的心头激荡。

此时此刻，当我沿滨河路走过时，我走的还是那天下午所走的那条人行道。今天我喜爱这个地方，因为它曾激发起了我的热情。它似乎向我展示了种种，似乎那里有各种各样使人永远兴趣盎然的东西。它尤其使我感到：我最好甚至必须把大多数商店里的大多数东西买下来。现在我温情脉脉地注视着那些我曾经抵制过的地方，注视着那些我曾经屈服过的地方。利美尔商店的香水味又扑鼻而来，我看见了那位曾经在那儿接待过我的身材苗条的小姐（我听见了她的声音）。我从她那里买的洗发露的那种芳香今天对我来说还是神圣的。我驻足在埃克塞特大厅（它窄窄的像个楔子，真是出人意料）的花岗岩门廊前，它使我浮想联翩，这些浮想由于模糊反而更令人难忘；我不知道它们从何而来——从《笨拙》周刊，从萨克雷，从儿时翻阅过的一本本的《伦敦新闻画报》，它们似乎与斯托夫人和《汤姆叔叔的小屋》有关。令人记忆犹新的是有一次我跑进查林十字的一家手套专卖店——就是你向东走，正要拐进车站时经过的那一家；既然现在我想起了它，那一定是在早上，我从宾馆出来就发生的事。当时我心里有一种要把商店洗劫一空的强烈渴望。

一两天之后的一个下午，我发现自己在租用的寓所里对着炉火发愣。我之所以租一套房子，是因为我预计要在伦敦待几个星期。我刚刚进来，把送来的行李安顿好后，便坐下来审视我的住所。房间在一楼，渐暗的日光照进来时，残损得近乎凄凉。屋子给我的印象是气闷、孤僻，有一股霉味，装点着几幅石印画和一些蜡花——完全是一片茫茫黑暗中一个没有人情味的黑洞。皮卡迪利大街的喧嚣在这条街的尽头发出嗡嗡的余响，一辆没有心肝的马车的咯噔声紧贴着我的耳朵掠过。整个地方突然让我毛骨悚然，这种恐惧就像思乡之情，一瞅到机会就像猛虎下山似的向你扑来。伦敦面目狰狞、心毒手辣，更重要的是有一种排山倒海的气势；至于它是不是"在意属于哪一种类型"，它就像大自然一样对单个的生命是漠不关心的。不出一个钟头，我就应当出去吃饭，因为楼上是不供应饮食的，而出去吃饭就显出冒险的味道来。好像我记得我宁肯不吃饭，宁肯饿肚子，也不愿冲进这个鬼城，因为一到那里一个默默无闻的外乡人的天命就是在皮卡迪利大街上让人踩死，然后尸骸被抛进泰晤士河里了事。然而，我并没有挨饿，而且我最终还是靠千丝万缕的人际关系把自己拴到这个既可怕又可意的城市上了。它那蓬头垢面、铁石心肠的瞬间印象使我终生难忘，然而我还是高兴地说，我还能轻而易举地召唤出别的印象来。

II

毫无疑问，它并不是合乎每个人的口味，然而，对于真正热爱伦敦的人来说，仅地域辽阔一项就是它的一大风味。一个狭小的伦敦令人深恶痛绝，幸好这是不可能的，因为观念和名称首先就是一种范围和数量的表现。当然一个人实际上只生活在一个地区，一块地方，然而在想象中，又借助不断的思想活动，身居斗室而浪游四方的人却能欣赏全城的景致——我认为值得一提的也只有这种人。正如人们所说，这种人认为自己只不过是太仓一粟；而城市那难以估量的周边，即便人迹罕至，而又湮没在烟雾中，却给他一种社交的、心智的边缘意识。他知道他来无影去无踪，无人注意，仅仅知道这一点，其中也有一种享受，即便他的去来没有任何邪恶的目的。我这么说并不意味着伦敦的舌头作用不大，伦敦的舌头确实值得另写专章。然而至少在某种程度上助长了伦敦积极性的眼睛们却为了共同的利益，每时每刻都为千差万别的东西所勾引，即便伦敦地方大，但它里面的每一样东西不一定都是这样。然而至少可以这样说，如果在那里小事也起作用，那么小事在起作用时就对作用是否重要不抱任何幻想。那里大大小小的事情层出不穷，每一天到来时，它就像一个行乞的妈妈，牵着它的孩子们的手。因而，伦敦最大的特点也许就是缺乏恒心。习惯和爱好兴衰无常，却从来没有注入激情。这座大城市没有分析的精神，而当问题出现时，在它手里很难得到认真得枯燥，或者彻底得乏味的处理。不适合在别的地方从轻发落的问题并不多，而伦敦总是带着那种由重大阅历产生的自信对它们进行裁处。无论是头等大事，如拧一下这颗爱尔兰螺丝，还是一桩离婚案，都要拖延很多时日，才能反复研究彻底解决。伦敦上流社会的心理，在它渴望大显身手时，就希望出现一桩新的离婚案，同时带着一种宽厚的天意——在某些方面，伦敦无疑是被这个世界宠坏了的孩子——它充分认识到这种习性而且也迁就这种任性。

补偿就是物欲兴起，而且种类极其繁多，即便不是一味追求精细；大大小小的事件列队经过你的舞台。眼下我要讲一讲也许存在于边陲意识中的灵感；热爱伦敦的人陷进这种膨胀的意识中不能自拔，自鸣得意地认为把他圈住的这个城市到底只是一个道路铺修整齐的国家，本身就是一个城邦。这就是他的心态，好像养子反而成了名正言顺的亲生儿子一样。我甚至决不相信他需要成为盎格鲁-撒克逊种族的一员，并且需要继承讲英语的特权。不过话又说回来，我毫不怀疑这些有利条件大大助长了效忠的凝聚力。这座伟大的城市把她昏暗的披风展开，包容了不计其数的种族和信仰，我相信几乎没有一个为人所知的崇拜不在那里设立庙堂（我不是和一位美国女士、一位身份不明的老先生和好几名缝衣女工一起上了兰姆的修道院里的博爱堂了吗？），人们的交往没有不形成俱乐部或行会的。伦敦确实是整个世界的缩影，没有一样东西在那儿"搞"不到，这种说法已是老生常谈，同样，没有一样东西人们在那里不能直接学习，这也是颠扑不破的真理。

人们不必每天都检验这些真理，但这些真理却充斥在人们呼吸的空气里（憎恨伦敦的人——因为总有那种讲歪理的人——说，欢迎光顾这个瘟疫肆虐的大杂院）。这些真理把昏暗朦胧的地段渲染得五彩缤纷，依我看这是世界上最富浪漫情调的城市景观；这些真理跟迷离恍惚的光线混在一起，一间昏暗、平淡的房屋正面上的那个平直简陋的缺口给那道光线提供了一个通道，于是营造出一片具有友善的角落、神秘的情调、天衣无缝的精巧装潢的内景。这些真理还跟那低垂的、宏伟的天幕混在一起，在天幕下，混合着浓烟、迷雾、各种天气、一天界限不明的时辰和一年变幻不定的季节。工业的气焰、熔炉的反光，或许是又或许不是晚霞的红光和红晕——因为你绝对看不见任何光源，所以压根儿就说不明白——全都混在一起，构成一片错综复杂的景象，一个变幻多端而又纹丝不动的华盖。这些真理构成了此地深沉永久的低音。当一个人的忠诚采取守势时，他就铭记着这些真理；当一个人的忠诚就是把尽可能多的鲜明特征引进他有时候非罗列不可的、好听的理由清单，也就是一个人用来对付充满敌意的指控——一系列很容易排得像长蛇阵似的其他理由——的振振有词的一览表时，他就铭记着这些真理。根据这些其他理由，有一点似乎可以成立：那就是伦敦永远不可能成为一个安居乐业的地方。我并不是说除非为了意气用事，否则没有必要对付如此荒唐的指控。在一个撑得肚满肠圆的机体里，如果说冷漠比好奇更活跃，那你就不妨干脆利用你自己的一份冷漠感受一下，既然某某人对真正的富裕毫不在意，那某某人就显得更加糟糕。然而偶然之间最好的信徒也会认可整顿他的宗教、清扫他的思想庙宇、剪修那盏圣灯的冲动。就在那种时刻，他会得意地反思：不列颠的首都就是世界上传播最伟大的生活意识的温床。

Ⅲ

我把我们的首都说成不列颠的，而且说到这一点时还厚颜无耻地与一名养子的忠诚问题联系在一起，读者将会发现我甚至没有从这一极端的让步中退缩。因为我要赶紧解释一下，如果人们对它产生兴趣，其中有一半的缘由来自这么一种感觉：它是人类的财产，甚至是人类的家园——美国人中间的佼佼者霍桑在什么地方这么说过，甚至在这个意义上把它与罗马相提并论——那么，人们对它的欣赏实际上就是一种广泛的同情，一种全面的人类之爱。为了这么一种博爱，人们便可以延伸自己的忠诚；跟伦敦佬最格格不入的人对于英格兰已经在他身上打上了烙印的暗示虽然可以怒发冲冠、严厉抗议，但他还是自豪地主动承认他已经心甘情愿让伦敦同化了。对于某一个国家来说，人类的首都恰巧又是不列颠的，这实属幸事一桩。毫无疑问，别的民族如果办得到，也是愿意让伦敦做他们的首都的。英国人是不是应当继续拥有这个首都，这或许是一个有趣的研究课题。不过，由于他们还没有让它脱手，那么本文作者就无所顾忌地承认：这种安排很投合他的个人情趣。因为，说到底，如果要问什么生活意识在那里最强，那毫无疑问是我们神圣的英语民族的生活意识。伦敦是那种灵活得出奇的语言的大本营，而我说这番话时充分意识到习语被全体民众误用的那种可怕的情况，但把习语交给少数几个民族，它在会话中表现出的语气的魅力则比交给全体民众表现出的就逊色多了。对于一个无论力量多么微小，但竭尽全力磨炼莎士比亚和弥尔顿的手艺、霍桑和爱默生的手艺的文人来说，如果对伦敦已经取得的加上有可能取得的成就进行解析，伦敦一定具有一种示范作用，它实际上就是一种神圣的东西。它是绝大多数读者，绝大多数可能的爱慕者聚集的唯一场所；它是包罗最广的大众，是语言最大程度上的社会体现，是传统最大程度上的社会体现。那样一种人物满可以我行我素，让德国人和希腊人说三道四，表达他们偏爱的理由去吧，当然很有可能大相径庭。

当一种社会产物如此庞大纷繁时，人们对它的看法也就千差万别了，人们见仁见智，理由也各不相同。皮卡迪利大街的理由不是坎登镇的理由，使基尔本好奇和泄气的东西跟威斯敏斯特和兰贝思的也不一样。皮卡迪利大街的理由——我指的是那些适当的——就是那些在一般情况下，扎了根的来访者最敏感的理由。然而必须承认，即便这些理由，大多数也不是停留在表面上的。缺乏风格，或者说是缺乏风格的意向，无疑是伦敦面貌最大的特点。带着这种印象越过海峡来到巴黎就发现自己周围全是迥然不同的标准。在那里，事事都提醒你：美丽堂皇的设计思想绝没有过时，布局艺术不是在工作，就是在游戏。马路与广场，花园和码头，布局讲究，效果明显，今天，这座辉煌的城市可谓集一切精湛技艺之大成。结果并不是处处都引人入胜，尤其是"细腻"、对称，以及殚思竭虑追求"搭配"所造成的乏味单调。另一方面，该城的整个氛围都是符合建筑法则的。而泰晤士河两岸则是一片随意的世界——热爱伦敦的人也不得不承认这些绵延多少英里的枯燥乏味、平淡无奇的景象。建筑质量低劣、又矮又黑的屋子铺天盖地，没有装饰，没有优雅，没有特点，甚至没有个性。其实，即便在最高雅的地区，在整个梅费尔和贝尔格莱维亚区，也有许许多多极其低劣、不便甚至是狭小无比的房子（那些在公寓里出租的房子——这一类房子所构成的那种寒碜公寓——可以作为一个例子），你真不知道建造这种房子是要满足什么有限得奇特的家居需求。伦敦最有碍观瞻（诚然，这种说法不适用于市中心）的一点是缺乏高度。没有一定的高度，建筑物就不会给人留下印象，而伦敦的街景绝没有那种傲岸的气派。

如果说没有风格的意向，至少还是有风格的偶然，这种偶然，如果用一种善意的眼光来看待，似乎有三个来源。其一，纯粹是总体上宏大以及在某一地点这种宏大发挥扬长避短的作用时所采用的手段；所以，虽然你可能经常发现自己置身于一个破烂的角落，但你绝对不会想到这就到了尽头。其二是那种庄严神秘的气氛，它依阿取容，追求表面，把一切都变得棕黄富丽、模模糊糊、朦朦胧胧，扩大了距离，缩小了细节，通过暗示：由于这个伟大的城市创造了一切，它也创造了自己的天气体系和自己的视觉法则，从而证实了那种广阔无边的推断。最后是公园云集，它们构成了一种其他地方所望尘莫及的装点，给该地赋予了一种其丑陋无法战胜的优越。众多的公园在城市中心扩张地盘，你随便走走，到处看看，总要留下它们的印象，它们串通一气，恣意妄为，在烟尘弥漫的天空下创造出一片田园风光。伦敦千变万化的气候情绪没有一样不是跟公园相得益彰的——我在雨雪霏霏的冬天看见过公园浪漫惬意的情调，宛如小说中的猎苑——那些富有鉴赏力的居民无论带着何种心情，公园几乎总是有所应对的。伦敦高大的东西处处在俯视着公园，只不过是在提醒你：你毕竟不在肯特郡，也不在约克郡，从而使地盘显得更加辽阔。而这些东西，无论都是些什么——是一排排"合格的"住房，是林立的教堂尖塔，是浑圆的机关楼顶——都带有一种给人印象深刻的灰蓝色调，一个聪明的水彩画家似乎会由于绘画上的理由把它们一一摄入。

从桥上眺望那片蛇形池是一种崇高非凡的景象，我总是觉得被讥笑为低标准的伦敦人完全可以信心百倍地把这种景观指给外人看。在欧洲所有的城市景观中，如此美妙的景致也实属罕见；它唯一遭人非议的一点是尽管它是五百万人的骄傲，但似乎不属于一个城市，因此它总有强词夺理之嫌。巴黎圣母院的塔楼林立，从塞纳河的河心岛上拔地而起，而这里看到的威斯敏斯特的塔楼则屹立在海德公园那片闪光的水域那边，看上去是加倍的遥远，二者雄伟的气势真是难分伯仲。同样使人赏心悦目的是那大江大河般的恢弘气势，蛇形池正是以这种气势在林木葱茏的池岸中间展开的。刚一过桥（它那年深月久、装饰华美的棕黄色石头栏杆我尤其喜欢），往左走，当你穿过肯辛顿公园的大门向贝斯沃特走去时，一片令人销魂的景色呈现在你的面前——一条芳草地上的小道迷失在零零落落的橡树和榆树林间，好像这里是一个"猎场"似的。不可能有比这块地方更不像伦敦的了，然而，正是这一点使伦敦，而不是其他任何一座城市，给你留下那么一种乡村的印象。

IV

那就需要伦敦给你机会进行一次从诺丁山到白厅的纯粹的乡野漫步之旅。你走过这段漫长的路——一条包罗万象的对角线——脚踩着柔软美丽的草皮，耳听着小鸟啾啾、小羊咩咩、翠池潺潺、绿树沙沙。看在每日奢华的享受和富有浪漫情调的锻炼的分上，我每每希望自己是一名在职的政府职员，拥有舒适的家庭条件，住在彭布里奇的别墅里——让我建议一下——再在威斯敏斯特摆上我早晨用的办公桌。我应当拐进肯辛顿花园的西北边，去海德公园，我有一百种宜人的路径可供选择。在海德公园里，我可以沿着水边，或者马路走走，或者兴之所至，随意走去；我也许最喜欢的正是清晨的马路，薄雾悬在暗红色的路面上，零零散散的早来的骑手随着马儿无声的奔跑靠近一些的时候，才表现出了一种身份。我坦率地承认在旺季风头正盛的时间里，马路变成了一种令人厌倦的东西（也许除非一年只看一眼，好使人想起它多么像杜莫里埃[①]）；早有成见的市民对它避而远之，把它主要让给了目瞪口呆凝视着的野蛮人。现在我是站在步行者的角度来说它的，但是对于骑马者，来早来晚

---

① 乔治·杜莫里埃（1843—1896），英国漫画家、小说家，在《笨拙》杂志上常有讽刺漫画发表。

它都风光无限。那么，如果步行者不想一心拿其劣势和布洛涅树林① 更加湛蓝、更加葱茏的小径相比，尽管它的路面有些棕黄，它的栅栏像小丑站着向小姐拿钻圈的圆形表演场的栅栏，它的座椅上空无一人，地上偶尔还有一些橘子皮，每隔一段时间有骑警像预期的跑龙套的一样过来巡视一遍，尽管它在很多方面确实有些像一个熄了灯的马戏团，但这些情况并不会大煞它的风景。低垂的天幕往往不是脏兮兮的帐篷那种建筑的拙劣的模仿。昔日马队的幽魂似乎在那雾蒙蒙的表演场上出没。不管怎么样，跟他们做伴，总比与风行季节的浪子和靓妞为伍要强。本世纪英国社会中的大多数声名显赫的名流——而英国社会在很大的程度上意味着，或者不如说迄今为止意味着英国的历史——他们骑在马鞍上来回奔波于阿普斯利邸宅和女王门之间，回想起来并不是毫无趣味的。如果你愿意，你不妨点一下名，空气就会由于充斥着暗哑的声音和死者的名字而显得格外混浊，就和某个罗马圆形剧场里的情况一样。

　　一个人竟然能在海德公园角这么大的一个公共场合为一种如此笨拙的企图进行辩护，这无疑证明他无论如何是一名热爱伦敦的人。的确，最近那儿正在进行的整修只不过引起人们更加注意各种因素的贫乏，更加注意这样一种事实：这种贫乏是总体状况的可怕例证。这个地方是著名的西区的悸动的心脏，然而它的主要特征则是一家破旧颓败、拉毛粉饰的医院，那些尽管构架整齐却毫无气派

---

　　① 在法国北部。

可言的低矮的公园大门，阿普斯利邸宅的客厅窗户，以及旁边小露台上平平常常的门面上的客厅窗户，当然还需要在这一整体景观中加上那唯一一件多少有点儿雄伟庄严的东西——跨越白金汉宫花园旁边私人通道的那一座拱门。这一座建筑现在已失去了昔日耸立其上的那座愁眉苦脸的雕像——以锡制玩具兵形式出现的铁公爵——还没有照人们所期望的那样进行改造装饰①。这里能看到皮卡迪利大街和奈茨布里奇的美丽景观，能看到房地产经纪人称道的格罗夫纳街上那些华厦的美丽景观，还可以感受格林公园俗气的小栅栏那边的广阔空间。然而，除了给人留下这些可以更好的印象外，这一切景象里再没有什么可引起人遐想的东西了：由于它几乎跟特拉法尔加广场一样，是个肮脏的荒漠，所以这种景象给人一种资源被浪费了的感觉。

它在一个明媚的春日具有一种表现力，然而对其渊源我不敢妄加解释，我只能说在那里，生机与奢华有浩浩荡荡、横无际涯之势。建筑物虽然不高大，但是社会洪流本身非常巨大，只见长长的、分流过的车水马龙，由岿然不动的警察控制着节奏，一连好几个小时忽而一起汹涌，忽而分开滚动，对于一个不完全冷漠的观察者来说，它意味着激动和启示。我无法给出个中缘由。随后这座巨大的笼罩在昏暗中的城市豁然开朗，和蔼可亲；烟幕化成随意织成的霓纱，空气也因为世界上最大的社会的出现，变得五彩缤纷，甚

---

① 在广场中央，有埃德加·勃姆爵士的四名勇士的纪念碑，作者写这篇文章时，尚未建立起来。——原编者注

至芳香扑鼻。眼见到的大多数东西——或者关于它们我应该多说几名，因为伦敦的大多数东西，无疑都是脏乱差——都呈现出"陈设考究"的样子。样样东西，从窗户玻璃到狗颈圈，多多少少都在闪光。所以对于一个从双轮双座马车围单上审视这一切的人来说，由于它有形形色色的变异和修正，一切景象都是如此，而这种地位优越的车辆比剧院的包厢更胜一筹，能随着人流车流时快、时慢。

　　然而我们并不是在一辆双轮双座马车里训练成守时的年轻人，当他向东南行进时，我们切不可甩掉他。他只有穿过海德公园拐角才能发现路上又是绿草萋萋。我非常喜爱格林公园那片方便、熟稔、没有树木或者几乎没有树木的开阔地，它扮演鼓励我走向皮卡迪利大街的友好角色，对此我格外欣赏。我对皮卡迪利大街情有独钟，所以对为它做出贡献的任何人、任何事都不胜感激。街道刚好经过德文郡宫，没有什么景色比向南望去所看到的更值得欣赏——一片开阔的天际，别的人们光顾的地方很难与它媲美。多亏有了它，在一个夏日，你望过前景和中景上羊群吃草的牧场，望过白金汉宫冷冰冰的烟囱、威斯敏斯特的塔楼，以及人山人海的河岸和南城所有的教区，就能窥见水晶宫屋顶刺目的现代灯光了。

　　要是格林公园让人感到熟悉亲近，那么人们说的它的悬饰更不会拒人于千里之外——因为它确确实实是从另一处，悬吊到山下的——它是那座破旧怪异的古老宫殿昔日花园的遗迹。古宫殿那张有碍观瞻的黑脸瞪视着圣詹姆斯大街。这个大众游览胜地很有特点，不过直言不讳地说吧，不少特点都是因为它与威斯敏斯特贫民区毗邻形成的。这是一座令人感到亲近的公园，也许是伦敦最民主的角落，尽管它地处皇家和军事要地，种种宏伟庄严的景观又近在咫尺。一天到晚，数以千计、满身煤灰的儿童爬在上面，失业者不是密密麻麻躺在草坪上，就是穿着千篇一律、油滋滋的灯芯绒裤子躺在长椅上。如果伦敦的公园是穷人的客厅和俱乐部——也就是说那些住得很近可以来到公园里的穷人（我承认这就减少了人数）——这些小块草地和小道可以说正好成了贫民窟的沙龙。

我不知道为什么这么一个辉煌的地区——辉煌的塔楼、辉煌的名号、辉煌的记忆，又处在威斯敏斯特教堂、议会、白厅的边上，左邻右舍又是王家首脑——然而威斯敏斯特的边缘使人联想到的悲惨和帝国一样多。虽然这一带最近净化了许多，但它仍然保留着许多低劣、黑暗因素的标本——尽管这一现象并不是独一无二的。我觉得空气似乎总是又重又厚，人们在这里比别处更能听见古老的英格兰——马修·阿诺德①精彩诗篇里的那个喘着粗气被烟熏黑的巨人——气喘吁吁。其实，如果她那具有英雄气概的肺是被河边那座有尖顶的、烦躁不安的清谈俱乐部锻炼出来的，那么人们离那对器官就更近了。然而这浓密自觉的空气总是捉弄人们的眼睛，所以当你从桥上望去时，外交部往往具有浪漫色彩，它所俯瞰的水面富有诗情画意——使人想到一座在恒河里濯足的印度宫殿。如果我们的行人得出了这样一个比较，那他就没有别的办法，只有继续他的工

---

① 马修·阿诺德（1822—1888），英国诗人，学者。

作——他会发现这工作近在眼前。他会踏着青草从遥远的西北角一路走来——这正是将要得到论证的东西。

V

我觉得好像我在用一种近乎吹嘘的口吻说话，毋庸置疑，考虑这个问题的最好方法就是直截了当——不要找出尔反尔的理由——就他本身考虑，他喜欢这一部分还是那一部分。然而，这种做法也不是万全之策，因为做几句这样的表白，到头来，我们也许发现自己还得容忍许多可悲的东西。伦敦是如此笨拙，如此野蛮，汇集了许多生活中的阴暗面，所以像情哥哥谈论情妹妹那样谈伦敦，几乎是荒唐可笑的，而对她的畸形与残酷避而不谈几乎是轻浮的表现。她就像一只食人大女妖，但在我看来，食人女妖本身也是人，这倒是一个可使罪行减轻的情节——尽管不一定人人都这样看。她填饱自己的肚子并不是为了恶意伤人，而是为了保全性命，为了做她重大的工作。她没有时间去深入细致地区别对待，不过她毕竟身材高大，心地又同样善良。就像俗话说的，你愈是跟她较劲，她愈要拿你开心。主要是你在她面前摔了个狗吃屎，所以她就索性一口把你吞掉。只要她的一份没吃够，她就会随便再抓一些别的填饱肚子。不管向左还是向右，只要把她轻轻一推，她就会把她那摆动的身躯从一种猎物转向另一种。不可否认，与她相伴，心肠会变硬。不过要治病救人，她却是一剂特效药，与她成功相处不仅是一种性格教育，也是对私人哲学的一种神化。她给人一种遮盖，一个生活在粗陋的世界上的人对此怎么感谢都不为过。她可以把声誉带走，却能够塑造个性。她教导她的受害者不要"介意"，而对于受害者来说，最大的危险也许就是：他们把功课学得太好。

想弄清楚她那些最老练的孩子到底介意些什么，有时倒令人疑惑。其中许多连眼睛都不眨一下地观看那高深莫测的戏剧，另外一些的普通言谈则表示对恐怖习以为常。她的理论是，她既生产又欣赏精妙的东西；如果你偶然碰见她正明目张胆地推卸两项责任，而且拿她的缺点与她对质，那她就瞟你一眼，耸一耸她那宽大的肩膀，这就算跟你建立了一种永久的私人交情。她似乎说："你真的拿我当回事呀，你这可爱痴情、自找上门的小傻瓜，难道你不知道我是一个大骗子？"你回答说你以后会知道的，不过你的口气还是和善的，而且还夹杂着她亲自传授给你的一丝嘲讽。因为你意识到：如果她能装得比她的实际情况还要好，那她也能把自己装得比实际情况坏得多。她极其民主，毫无疑问，这是她有利于个人的作风的一部分；她用一种举世无双的纪律教人懂得自己的"地位"。她让他明白她也用同样的鞭子抽打别人的脊背，从而使他无法抱怨。当他吞下这种教训时，倒会赏识这种粗鲁却永久的公正，在她的目光注视之下，这种公正就把那些在别处尊为显赫的声名和地位降低成相对的。有那么多的声名，那么多的地位，都叫卓绝——压倒，所以要想出类拔萃到让伦敦无法与你抗衡，那可是难于登天。当她心血来潮决定去猎狮或者在名流周围围成一圈时，她有时谎称她没有与你等驾齐驱的人，这也是她心地善良的一种表现，轻浮蹩脚的一种做法。不过这种伎俩太容易识破，所以狮子必须非常老实，名流必须极力否认。诚如哲人所言：这种事纯属主观，这个大城市主要是关照自己。名流倒是很方便——他们是要求人们去"应付"的诸多事物中的一项——而狮子肉片放在冰上，在饥荒年月能养活一家人。

这就是我所谓的伦敦的民主。当然不用成为其一员，你也可以身临其境，然而从你成为其中一员的那一刻起——并且在这节骨眼上你自己的感觉就会很快启发你——你属于一个大平等盛行的集体。无论你多么高贵，无论你多么能干，无论你多么富有，无论你多么驰名，许多人都和你不相上下，所以你自己的特点就显得无足轻重。我认为只有长得漂亮，你才会真正吃得开；长期以来值得注意的是，为了女人的可爱，伦敦才会破格而为。只有当她狩猎那头特别的狮子的时候，她才会变得危险透顶。于是真的有些时候，你会完全相信她想的是她能付出多少，而不是她能获得多少。可爱的女士们在此之前为了相信这一点，已经付出了代价，今后也会继续付出。总而言之，上当受骗最少的人也许就是为了自己的利益允许自己相信贫穷不是耻辱的人。当然在伦敦，人们并不这样认为，的确你也很难说出在哪儿——凭借扩散——这种情况会被更加合情合理地免除。有钱自然是一项很大的优势，但这与因为没有钱而被取消资格根本不是一回事。

在许多事情上，尽管她出言刻薄，可是心地敦厚；尽管她健步如飞，倒也悠闲自在。这个城市的自由放任最突出地表现在她看待殷勤好客的义务的慷慨大方，以及她在这些义务和同类事情上所留有的余地上。她首先想开开心；她记账随随便便，不在鸡毛蒜皮的小事情上斤斤计较，万一人们证实有分心的现象，她不知道，也不记得，也不在意是否是由他们"引起的"。她甚至忘记她自己是否引起过。在礼仪问题上她决不苛求，而是放得很开，决不把时间浪费在套话和规矩上。她无法拘泥繁文缛节，不能注意细枝末节，后果之一就是在某种程度上她只得不顾影响降低礼仪标准，毫无疑问这是不容争辩的事实。她提倡"突然袭击"——因为哪怕她提前一个月邀请你吃饭，请柬也会像手枪"叭"的一声突然发出——而且达到目的时并不是完全拐弯抹角。她不会假装重视马修·阿诺德的《布卡拉的病王》这首诗中传达的教训，即：

> 尽管我们攫取我们渴望的东西，
>
> 我们也不会下手太急。

如果那是她能获取它的唯一手段，伦敦下手何至于太急。得体的举止就是一连串的繁文缛节。我并没有说她就是有时间也不去留心这些繁文缛节。她有时间，不过很少——que voulex-vous？① 也许和某些不可避免地传到她手上的老传统一样，写信也是一个很好的例

---

① 法语：你想要什么？

子。她靠信活着——信就是她的心跳，然而有她签名的那些信就像谵妄的胡话一样，前言不搭后语。除了一张邮票外，这些信与书信艺术毫无共同之处。

VI

如果她只是泛泛而谈，那么企图代表她讲得深入细致就有越俎代庖之嫌，读者无疑会认为我因为不能细数其详从而搬起石头砸了自己的脚。的确，没有什么事比逐项累计更困难的了——这个栏目未免太长。人们也许梦想着把自己灯笼的光——如果那还算光的话——转向这粒珠宝的一个又一个琢面，然而如果光怪陆离就是结果，那倒也算不小的成功。人们还没有把伦敦说成整体的选择余地，原因很简单，就没有整体这样的东西。它是没法量度的——两只胳膊根本是抱不住的。说确切些，它集许多整体之大成，那么，说起来哪一个才是最重要的呢？这难免就得有一个选择。我知道没有比干脆不理会我们得为之辩护的东西更科学的了。那些丑陋现象，那些"乌鸦窝"，那些野蛮行径，许多街道的夜间面貌，酒店和酒店打烊前清场的那一刻——在可以做出一个友善的总结之前，有许多类似的成分必须忽略不计。

我倒不应该走得太远，竟然说面对这种巨大的苦难闭目塞听就是那种友善的一种条件。恰恰相反，我之所以有这种看法，部分是因为我们不可救药地意识到那种黑暗的深渊：这座大城市最普遍的魅力依然是它的现状，也就是接踵而来的人类的重大灾祸。我不知道这个纷然杂陈的怪物将来会演变成什么；穷人会改变局面推翻富人，还是富人会把穷人据为己有，或者按当前他们不尽如人意的交往关系在一起凑合下去。无论如何，肯定无疑的一点是，受苦受难的印象是大颤动的一部分。它是和另外的东西混为一体奏出使一贯热爱伦敦的人听起来极其亲切的声音的事物中的一件，那是巨大的人间磨坊发出的隆隆声。这就是以它所有的抑扬顿挫萦绕他、迷惑他、激发他的声音。不管他能不能成功地把苦难从画面上排除，他会坦率地承认，对他来说，画面不会因为有了苦难的阴暗色调而遭到破坏。除非我们爱上伦敦的缺点，否则我们永远不会深深地爱上它：它冬天的浓厚的阴暗，烟囱帽上和到处落满的煤烟，亮得很早的灯光，朦朦胧胧的棕色房屋，十二月的午后牛津街或滨河路上马车溅起的泥水。

还有一些使我回想起让孩童着迷的东西——对圣诞节的企盼，节日人行道的欢乐——铺面的光亮照向雾霭的那种景象，这便使每一个铺面好似一个明亮温馨的小世界。我还能观望它们消磨时间，有肮脏的布鲁姆斯伯里在一边，更肮脏的索霍区在另一边。还有冬天的景象，看上去本质上并不是很温馨，但它不在时，不知是怎么回事，总会触动记忆的琴弦，甚至让你泪如涌泉。比方说在一个阴暗的下午，站在大英博物馆的门前，或在天气恶劣时，在蓓尔美尔街一家大型俱乐部的门廊上，就有这种感觉。对于那些回忆中微妙的诗情画意我无法做出恰如其分的描述；这样做要靠联想，而我们却往往失掉那些联想的线索。博物馆宽阔的柱廊，两面对称的侧厅，大理石底座上高高的铁栅栏，里边雾蒙蒙的大厅的感觉，那儿奇珍异宝应有尽有——凡此种种都耐心地通过大气层隐现出来。大气层非但没有使它们显得沉闷，反而在暴风雨中赋予了它们某种红光的欢乐。我认为在伦敦，一个冬日的午后的浪漫，一部分来自这样一种事实：当城市没有完全窒息时，整个灯光就表现出这种热情好客的色调。这就是蓓尔美尔街俱乐部内灯火辉煌的色彩。当雾气飘荡到那些巨大的楼梯上面时，这种色彩是我最喜欢不过的。

我刚才说这些隐退场所很容易引起背井离乡者的万千乡愁，我这样说，绝不是仅仅涉及它们庄严的外表。如果里面更为严肃庄重，对一个死心塌地喜欢伦敦的参观者，至少回想起来，也不会减少它们的亲切可爱。除了是对你的神经的一种奉献，庄严又是什么呢？除了是紧张生活的一种高雅的证据，宁静又是什么呢？为了产生这样一些结果，各种情趣的平衡必须打破，而且那只有在文明高度发达的情况下才能成为可能。一个人独占着一间雾蒙蒙的图书室，甚至连留意某人放下他所需要的杂志的那种激动也没有，如果我好像暗示："文明"这个抽象名词肯定会让他高兴起来，我倒愿意不去理会这个假设，因为欣赏淡季的一家伦敦俱乐部只不过是对处在相对冷清时期的这座大城市——绝不像它表面上表现出的那么寂寥——偏爱的强烈表现而已。伦敦一年四季点缀着节日，这是相对安逸的幸福的小岛——这都是离开伦敦投入上流社会的空隙。于是，英国人"出城换换环境"的神通便得到淋漓尽致的发挥，家家户户都把他们的儿童室、浴盆运到这些构成国民生活真正基础的田园风景中来。这样的时刻是真正热爱伦敦的人的天堂，因为那时候他发现心慕已久的东西就在眼前：他能全身心地投入一种交流中去，而这在别的时候总受到竞争对手的妨碍。那时候他所认识的每一个人都出了城，在场的每一个他不认识的人都令这种愉快的感觉更加深切。

正因为如此，我断言他的满足不是落落寡合的情绪，而是一往情深的爱恋。他就是以这种情感充分衡量这个地方深厚宽广的人情的。在这种情感作用下，这个地方的界限进一步变成了一种有可能予以说明的模糊。对于他的熟交，不管数目多大，也是有限的；而另一方面，那个未被游览的伦敦，却是无限的。想到他可能在这里进行的实验和游览，哪怕这些历险结果并不特别成功，想一想也是他的乐趣之一。友善的雾似乎保护和丰富了这些历险——既增添了神秘感又强化了安全感，所以在冬季的几个月里，想象特别能编织出那些欢乐。也许在圣诞节严格的社会萧条期间，这些欢乐达到了顶点，这时候乡村别墅熙熙攘攘，而首都反而冷冷清清。正是这时候我魂牵梦绕的是狄更斯笔下的伦敦，痛切地感到好像那个伦敦仍然能够重现，好像在赏识者依稀可辨的一些角落仍然散发着它的怪异。那时候，炉火在俱乐部冷清的幽光里熊熊燃烧，桌子上的新书说："现在你总算有时间读我了吧？"下午的茶和土司，那位打了一会儿盹，醒来便要碳酸饮料的呆钝的老先生似乎使人更深信不移。对于一个文人，这也不是小事一桩。因为这是写作的最好时光，因为在白天都要亮灯的日子里，他企图写上黑字的白纸，在桌子上，在灯光照射下，由于气候的屏风把他围起来，于是变得更加生动，更有吸收能力。对于那些不能开夜车工作的人，也可以在11月到3月之间的早晨好好享受一下这种类似的奢华。这种天气营造了一种伏案工作的深夜环境，消除了种种可能的打扰。虽然对眼睛有害，但对形象思维妙不可言。

VII

当然，说伦敦生活的满足完全来自实实在在地生活在那儿，这未免有些过分，因为很大一部分满足就寓于离开之中，这也并不矛盾。离开伦敦几乎比不离开还要容易，伦敦的丰富多彩和趣味盎然大多来自它的枝蔓，也就是这样一种事实：整个英格兰都相当于伦敦的郊区。跟离开巴黎或来到巴黎进行一番比较，情况正是这样。伦敦借助于广阔丑陋的地区融入绿色的乡村，它不知不觉、漫不经心地变漂亮了——而不是停下来进行一番改变。这也许是对乡村的破坏，但却是对永不满足的城市的创造。如果有人是一个不可救药、厚颜无耻的伦敦佬，那就是他不得不观看的情景。凡是拓宽人的城市意识的东西都是情有可原的。多亏有巨大的交通运输网络，多亏有人民积极好客的习俗，多亏有优质周到的铁路服务和火车的频繁、快捷，最后，当然不可不提的是，多亏英格兰许多最秀丽的风景就在伦敦方圆五十英里之内这种事实——多亏这一切，热爱伦敦的人的门口就有一派美丽如画的田园风光，而且可以把中心和边缘的分界线搞得无限模糊，凡此种种，就大大助长了热爱伦敦的人的城市意识。他完全可以放心地把联合王国其余的部分，或者整个大英帝国，或者如果他是一个美国人，甚至把全球所有讲英语的疆土都仅仅看作边缘，看作合身的紧身褡。

是不是由于这个原因——我喜欢认为在苍天之下，在其余世界的面前，我们大家是多么伟大，由于有我们光辉的语言纽带的维系，我们用它孜孜不倦地著文出书，彼此坦诚地阅读，我们大家是多么伟大，这个大城市又是多么伟大；我们团结得如同兄弟，共同把这个城市视为我们民族的首都——是不是由于这个原因，我对伦敦的火车站情有独钟；是不是由于这个原因，我从美学角度爱上了伦敦的火车站；是不是由于这个原因，伦敦火车站引起了我的兴趣，让我心迷神往；是不是由于这个原因，我洋洋自得地观赏着它们，即便在既不想离开也不想到达的时候。这些火车站让我回想起我们相互的依存和积极的活动、我们充沛的精力和无限的好奇，我们与其他民族绝不相同，因为我们有永恒运动这一共有的伟大印记，因为我们渴望海洋、沙漠和另一边的地球，渴望了解我们在随便哪一群盎格鲁-撒克逊人种身上产生的力量效果的秘密——且不说社会的圆满完美。要是在这烟雾弥漫的可爱的季节里，我还沉醉于帕丁顿、尤斯顿或者滑铁卢的壮丽景象——我承认我更喜欢那些严肃的北方车站——我已做好思想准备为自己辩白，驳斥说我幼稚的指控。因为我所寻觅的、我从这些庸俗的景色中看到的归根结底只不过是我们看待人生的更大的方式的充分证据。千姿百态的展示一般来说只是伦敦引诱你宽恕它的恶习的一个诱饵，铁路站台则是千姿百态的一种集中体现。我认为没有一个地方像在伦敦那样人们带着——在观察者的眼里——他们可能所属的那一类人的明确标志。如果你特别喜欢了解那一类人，你会为这种现象而欢呼雀跃的；你会注意到：如果说英国人与别的种族截然不同，他们彼此的社会地位——在英国，这就带来了一系列道德和思想后果——也有天壤之别。你会看到他们聚到一起，在 W. H. 史密斯先生一个书亭的灯光照耀下显得五颜六色，各不相同——在历数帕丁顿和尤斯顿的魅力时，这是一个不容忽视的特点。它是烟雾腾腾的巨大的洞穴里的一个温暖明亮的焦点；它使人认为文学是一件壮丽辉煌的东西，是一件精华耀眼的东西，是一件被煤气灯照亮的、射出万丈红金色光芒的东西。一种魅力悬浮在灯光闪耀的书亭上，还有一种宜人的新鲜事物的那种撩拨人心的气氛。书肯定相当精彩，这些新鲜、纯正的期刊肯定相当真实诚恳！在一个星期六下午，当你在车厢的一角等待火车的启动，车窗将一片光彩夺目的画面框成了一幅画。我之所以谈及星期六下午，是因为那是极具特色的时刻——它最能说明循环不断的情景，尤其是为了过星期日，乘快车正好赶在正餐前跳进乡村别墅的大厅里，跳进更加亲密友好的圈子里，侃侃长谈，款款漫步，那都是伦敦所没有的情趣。

也有空落落的夏天，到那时你就可以尽情享受这个城市，要不是我怕由于贬义词用得太多，有失大雅，我就会讲到它——夏季从

8月1日算起。其实换种方式，这些贬义词就变成了褒义词，并且我对某些巧遇怀有一种情意绵绵的回忆，那些巧遇可以说是在伦敦生活允许巧遇存在的唯一的那个阶段才有的。这是世界上最奢华的存在，不过关于那一种特别的奢华——那种出人意料的，那种临时出现的——一般来说太罕见了。在挤得水泄不通的人群中你连自己的腿都没法搔一下，在伦敦，社会压力是如此巨大，偏离正道，或者不随大流，都是极其困难的。时间安排极少有随意更改的现象；每半个小时都有事先定好的用处，逐月记在小本子上。然而我前面提到过，这个本子里从8月到11月的页面上都是一片迷人的空白；这些页面代表着那个你可以在其中品尝最高超的灵感、最重大的灵感的季节。

这无疑就是一位老先生心里所想的东西，关于伦敦取之不竭的资源和对各种情趣的满足，他曾经对我说过："哦，是的，当你感到无聊时，或者想换换环境时，你可以坐船到布莱克威尔去。"我还从来没有机会求助于这种灵丹妙药。也许这就证明了我还从没感到无聊过。为什么要去布莱克威尔呢？我那时确实问过自己，我还没有弄明白这个神秘的名字代表的是什么样的消遣。对方也许只是泛泛说一句，权当随意笼统地提一提整条河流的种种魅力。在这儿热爱伦敦的人顺流而下，泰晤士河的确是一片神奇的景象，所以他觉得他的构图十分蹩脚，没有把它放到一个十分突出的位置上。无论逆流而上还是顺河而下，它同样都是伦敦生活的一个附属物，是伦敦作风的一种表现。

从威斯敏斯特到大海这一段泰晤士河的用途是商业性的，不过，尽管如此，景色依然美丽如画；而在另一个方向——适当上行一点儿——用途却是个人的、社会的、体育的、田园诗的了。就其娱乐特点而言，它绝对是独一无二的。我没听说过还有其他名河只是为了玩乐而遭受这样的拍打溅泼。只要有假日或者天气晴好这种极小极小的托词，人们就倾巢而出，纷纷驾起小船，这一举动几乎有点滑稽可笑，同时也几乎动人心弦。他们在狭窄迷人的河道上互相碰撞，在牛津和里士满之间排成连绵不断的长蛇阵。没有什么东西更能表现出人们充沛的体力，以及在锻炼和冒险方面那种饥不择食的急切心情了。我得赶紧补充一句，尽管规模小，人数与空间之间有强烈的反差，他们在泰晤士河上选择的对象却是非常赏心悦目的。总而言之，要是泰晤士河是伦敦最忙碌的郊区，它也是最最漂亮的。当然从没有桥的下游看，这个词就不那么适用了，然而正是因为它的这部分流程，它才应享受更高的赞誉。一如既往地说，我最喜欢被城市着了色、变了形的泰晤士河，你从一座桥望到另一座桥——它们显得出奇的宏大模糊——望过棕色的、油污的激流，望过一艘艘驳船和廉价汽船，望过黑沉沉、脏兮兮、乱糟糟的河岸。这样的景色，其中好多因素都难登大雅之堂，却用一种或许胜任更大目标的力量闯入喜爱"景致"的人的眼帘。

　　尽管有大好的机会，伦敦却忽略了，没有造就一片滨河区，这种做法当然最有可能证明：她在过去很少有现在显示她在选址上有偏向低廉之嫌的那种建筑学情结。不是这儿，就是那儿，总有一处漂亮的残余为它不可挽回的失败而道歉。萨默塞特宫耸立在它的大理石基座上，也许比其他任何建筑物都高，而威斯敏斯特宫歪在——很难说它立在——它露台的议院大长凳上。如果不是特别有趣，倒也令人赞赏的河堤则做着它力所能及的事。而切尔西别具一格的住宅却远远地瞪视着巴特西公园，就像18世纪的淑女们眺望着一片令人毛骨悚然的荒原似的。从另一方面来说，查林十字车站坐落在它所在的地方，则是一个民族的罪恶；米尔班克监狱却是比把它矗立起来进行惩罚的任何暴行还要恶劣的暴行，而河滨从总体来讲，是一副不知羞耻、不顾影响的面目。然而我们承认，它那愤世嫉俗的态度是宝贵的；所以如果人们再次——由于没有一座伦敦卢浮宫——就英国人在这一类事情上惯常的不负责任和良心发现之间进行选择，人们也许就只好维持现状。我们知道从切尔西到沃坪是什么样子，然而我们不知道它可能会变成什么样子。这就使我在一个夏日午后，乘着廉价汽轮驰往格林尼治的旅途上，难免感到或多或少的激动。

VIII

然而我为什么要谈及格林尼治呢？为什么我让自己想起一幅尚未动笔的插图呢？我原先的计划是把这些杂乱无章的，恐怕确是如此，还有点语无伦次的评述跟插图穿插到一起。这些评述呈现给读者的绝不是一些插图，而是一位慨然相允与本人的胡思乱想发生牵连的艺术家恩赐的艺术品。①关于格林尼治的话题，我可以干脆不去触及，即便我穷尽了这个话题之后，就像刚才夏日午后的问题威胁着要引导我去做的那样，要谈及汉普斯特德，这是为什么呢？我偷偷地留出篇幅，准备就该城各个地区的特殊风貌写一系列生动、精彩的小品，可是我又欺骗自己，盗用了这些篇幅，我为什么会这样随心所欲呢？我一直梦想着把各个地区——一写下来，包括它们的特色和你用来识别它们的标志。了解这些标志是我的赏心乐事——一种极其有趣的观察形式之一——然而我必须抛弃我对学识的卖弄。

我不想大言不惭地去谈论汉普斯特德，那坡度漫长的小山似乎悬垂在圣约翰树林之上，而坡度则从瑞士别墅开始——必须承认，你也必须从那儿开始上山——沿坡而上，并且在山顶的"汇友室"中拉上一个朋友，和他一同在石南荒原上溜达，再绕着一些乔治王朝时代的方形古屋的花园墙转转。这些房屋修建的时候，简直就像今日伦敦的情况一样，这个地方还是一个地区中心，有乔安娜·贝利②给它当诗神，然后经过"三个西班牙人"旅店——我决不会错失这个良机——再俯瞰烟雾迷蒙的城市，或者眺望苏格兰冷杉林和血红的残阳，这是一件多么惬意的事情啊。如果我不声不响离开了肯辛顿，未经尝试就离开了布鲁姆斯伯里，而且对东边的一大片地区——该城的那些古怪的角落、隐藏的秘密、丰富的遗迹和纪念

---

① 《英伦印象》第一版插图由约瑟夫·彭内尔所绘。
② 乔安娜·贝利（1762—1851），苏格兰女诗人、戏剧家，司各特的密友。

物——不置一词，就突然转向，那是绝对行不通的。我特别后悔牺牲了肯辛顿，那里一度非常热闹，那里散发着萨克雷的气息，那里有它的文学遗风，有它安静气派的红色宫殿，有它的安妮女王广场，有它的卡斯乌德夫人的住宅，有它的"灰狗"客栈，亨利·艾斯芒德①曾经在那里暂住过。

　　然而，我寻思我也把那个季节都牺牲了，从一个优雅的角度来看，那个季节应该是这幅全景的中心因素，想到这里，我只有听其自然了。我已经注意到热爱伦敦的人热爱这个地方的一切，但是我并不矢口否认他的同情是有一定程度的，也不否认本文作者的感情从来也没有随着不列颠狂欢节的密集活动一直发展下去。这个词用在复活节到仲夏的这段时间是再合适不过的了；这是一种热闹、得体、花费昂贵的新教狂欢节，狂欢节的面具不是丝绒或丝绸做的，而是用神奇骗人的血肉制的，即用世上最漂亮的皮肤做原材料制作的。如果认定伦敦最大的乐趣就是这个地方给我们的那种浩瀚人生的感觉，这无疑是不大关心最强烈的状态而有的不合逻辑的观点。然而到处都涌动着生命，这几周风潮的汹涌澎湃毕竟只是人力的一种尚可忍受的机械的表现。谁也不会否认这是一种比别处看到的更普遍、更灿烂、更壮观的景象；如果这些力量往往具有美丽绝伦的女人的形态，这本身并不是一个缺点。我贸然宣称，伦敦的盛季年年都召来一大群无与伦比的靓女。关于丑人我不置一词。只有少数

---

①　萨克雷的历史小说《亨利·艾斯芒德的历史》的同名主人公。卡斯乌德夫人是该小说的主要人物。

人拥有那样的美，但无论在哪里，人数问题也绝不是一个让那少数人显得举足轻重的借口。

有些时候人们看在微笑的面子几乎可以原谅 6 月的愚蠢，那种微笑是这座持怀疑态度的古城暂时露出的，而且我在本文前面的段落中已经提到在她被海德公园一角的旋涡刺痒的地方，这种微笑就突然变成大笑。夏日将尽的时刻，她似乎笑意更浓，那时候亮光仍在流连，尽管阴影变长，雾霭转红，迟到的骑手因为要盛装赴宴便急匆匆地驰过公园那惨遭践踏的场地。在那一时刻，人流主要向西边涌去，一整天喧哗纷乱的扬尘变成了一片金色滞重的雾霭。在这种特定的时刻，在那样洋溢的热情中，在等待开宴的气氛中，在欢乐思想的奔涌中，在准备一个晚上一连开六个晚会的西区的一片壮丽景象中，有一些东西无疑经常能触动百无聊赖的想象力：她娱乐的规模非常惊人，她的请柬和"催单"像森林中的树叶一样层层叠叠。

8 点到 9 点间，有那么半个小时，每一对车轮都展现出一幅赴宴者的肖像。只稍想一想隆隆行进的马车，接连不断地从马车围单上探出来、频频向你致意的白领带和"做过的"头，就传达出一个复杂世界的排山倒海般的印象。他们都是谁？他们都去哪儿？他们从何而来？南起一个众说纷纭几乎在河南岸的贝尔格莱维亚，北至圣约翰树林的边缘，多少烟熏火燎的厨房，多少洞开的大门，多少列队的仆人准备着接待他们？每家的门口都停着一辆辆布鲁厄姆车，地毯即使不是为那些进去的人，也是为那些出来的狂欢者铺的。天光消隐之际，在灰秃秃的大广场上，在上流人士居住的拉毛粉饰的街道上，人行道显得空空荡荡，除了一群小孩牵着更小的孩子——萨拉·简被托付给阿米丽亚·安——只要哪儿铺着一条地毯，他们就围过去，瞧着淑女们从马车上下来或从房子里出来。西区到处都点缀着一群群神情哀婉、目光专注的小孩。这是穷人的晚会——他们的盛会和外出赴宴的方式，一幅"阶级间充满同情"的绝妙写照。我应该补充一点，这些观望者并不都是小孩，也有瘦骨伶仃的成年人，我相信这些路边欢乐是令人痛心疾首的一种趋势造成的——农村的穷人有纷纷拥入伦敦之势。那些偶尔赴宴，或者从来没有参加过宴会的人有充裕的时间去关照那些这种习惯更加成风的人。然而，用一种悲伤的语气来结束我的评述并不是我的初衷，老天作证赴宴者是一个庞大的群体。当我确认这种真情实况时，如果我对着这篇文章轻轻地叹一口气，我也有道德说教之嫌。他们是不是都是有识之士呢？他们的谈话是不是世界上最成熟老练的呢？一个尽如人意的社会竟然不能经常提供让思想安宁的机会，这真是始料不及的，也是我万万不想企求的。这种缺点并不是整个伦敦世界的罪过，无论从哪个方面，根据缺点去抱怨那个世界都是不公正的。使观察者触目惊心的不是伦敦办不到的事，而是她无论干什么都干过了头的这个总的事实。过火是对她最大的责难，她这种毛病实在根深蒂固，这是她的一个不可救药的灾难。凭借数量把你压垮——她最终使你觉得人类生活、文明都是廉价的。无论你去哪儿，去参加晚会，去参观展览，去参加音乐会，去参加"私人会见"，去聚会或者去独处，哪个场合都早已人满为患。它如何让你理解如此多的包围了英格兰生活的高墙，它如何让你体味到一座乡村猎苑的那种无价的福气，因为在那里除了野兔和野鸡，更糟的还有啼叫不止的夜莺，除此之外，就毫无生机可言。而这头妖怪长个不停，必须承认她离那一个舒适方便的理想社会越来越远——在那样一个社会里，人们有可能亲密无间；在那样一个社会里，关系密切的人可以经常见面，互相试探、选择、衡量、启发，关系、组合都有时间建立起来。在伦敦，代替这种情况的就是千千万万原子瞬间的撞击。这就是常见少数人和少见每个人之间的区别。"你什么时候来的——你还要走吗？"这就完了，甚至连回答都来不及。这也许像一个背信弃义的指责，要是我不准备，也不急于加上两个条件的话，我也不会做这样的指责。其一，这个地方尽管大得叫人心烦，但我不愿意它缩小一丝一毫，也不愿失去一点细微而富有成果的焦躁，因为它正是以这些焦躁给你灵感，而且说到底，我认为这些焦躁就是比其他大城市所得到的更加衷心的称赞。其二是由于它的丰富多彩和永不枯竭的好情性，它会把你也许过于简单的头脑对它做出的判断立即驳倒。

威斯敏斯特教堂里的勃朗宁

　　伟大诗人的崇拜者们如果对诗人有点儿异想天开，那在世界上也是最无可厚非的，因为诗人的天才和作品为他们树立了一个把想象的手法运用到各种问题上的诱人的榜样。因此肯定有许多罗伯特·勃朗宁的坚定崇拜者，他们必定认为把他的遗骸寄存在英国民族的这座名人堂中正是诗人那善于分析的灵魂大喜过望的盛事之一，认为他那能在五颜六色的斜光中观察人间事务的不可压抑的天赋总算找到了一个绝佳的机会。如果把他与这件事一起当作一个题材，如果这件事使他感慨万端，从而发出了他所洞晓的那种含糊而广泛的声音，那么我们就能立即猜出他从这件事情上刮擦下来的一些火花，立即猜出在这件事情上形象感和抽象感如何巧妙地纠结在一起，因为对于《指环与书》的作者来说，那样的事情不会缺乏他情有独钟的繁复与转化。激情与心计，嘲讽与庄严，激动人心与出人意料，都要尽力崭露头角；一言以蔽之，英国对它的一位最伟大的诗人应当表示它最崇高的敬意，甚至对于这样一种预料之中的结局，这位作者也持有他独特详尽的观点（他所有思辨的、深刻的印记）。无论如何，上星期二，当人们站在教堂里的时候，那些乐意借他充满好奇、上下求索的光而受益的崇拜他、哀悼他的人们，可以让他们的遐想随着他们拖沓的脚步，向诗人的遐想或许大胆追随的方向驰骋，甚至奔向幽默诙谐与奇思异想所潜藏的幽暗的角落。只是我们要赶紧加上一句，那将需要罗伯特·勃朗宁本人才能提供那种多层次的印象。

在那种场合，有一部分情况当然是不可抗拒的——那就是这样一种感觉：这是一个慷慨的民族所给的最大的敬意，而伴随这种敬意的感情则是一个民族生活中最重大的时刻之一。在这种时候，广大群众的态度对于抱负和成就来说，是一种大扩张，一种大开放；占有的自豪，给予的骄傲，尤其在像勃朗宁这样拥有如此完整事业的例子中，表露得如此突出，反而把痛惜变成了小事一桩。当我们开始通过死亡的玻璃板观察一个伟人时，我们才在最大程度上拥有了他；该教堂从来没有像我们把一种弥足珍贵的声音交给那里的沉默时那样善待我们，这是一个简单的事实，尽管包含着一种明显的矛盾。因为沉默毕竟能出声，在重大的事例中，保留才显得伟大。问题的另一面最能操纵不负责任的反思——对这位富有诗才、长于讽刺的心灵的所有可以想象得到的种种假设和猜想，我们认为主教怎样把他的坟墓安置在圣普拉克塞得教堂的画面全靠了这些假设和猜想。麦考莱的"沉默和谐的殿堂"——也许因为他本人现在就在那里——当我们站在那殿堂里时，它给我们的印象不仅是地方性的，而且是社会性的——可算是一种合股公司；在它高高的拱顶、幽暗的耳堂和小教堂下面，历史名人济济一堂。他们好像是具有所有权的一个公司，享有极高的声誉、不朽的威望；因为哪怕处在擅自闯入者的境地，也有某种安如磐石的气氛。在浓浓的幽暗中，当他们用雕像冰冷的眼睛，以墓碑确凿的身份向外凝望时，他们似乎把脸凑在一起，得体地审查每一个新躺下来的荣耀人物的资格，互相征求意见，对这位后来者该如何评价。有人认为罗伯特·勃朗宁将会在诗人角预见、玩味他自己的葬礼可能引起的种种困惑、异议，甚至说不定还有一些嗡嗡营营的闲言碎语，从而自得其乐；要清除这种想法多么困难啊！在经受如此独特的考验时，这位即将进入神龛的新人之所以饶有兴致，难道不是他觉察到自己身上有社会上许多人所有的令人困惑的现代感吗？从不妨称之为内部角度的观点来看，这就是勃朗宁先生在变成一位古典作家这一方面，接受官方给予英国作家的唯一的帮助的趣味和魅力。

威斯敏斯特英才云集，个个都是根据某种理由——有的成员也许就是因为独树一帜——跻身古典作家之列的，而《男人和女人》的作者却是作为一位惊人的、无与伦比的现代作家占领一席之地的。他给他的前辈们引进了一种当代的个人主义，多年来，这一点肯定不曾有人以那么大的气势提醒过他们。诗歌的特点是高超、单纯，这一传统可以说在他们中间风行很久了，可它却是一种被勃朗宁破坏得体无完肤的传统。因此，我们不难想象：他的新同行们站在他的周围，直到怀着一种莫测高深的感觉，对他习以为常为止。教堂里安葬了许许多多怪人，许许多多伟大作家，然而没有一个怪人如此伟大，也没有一个伟人如此古怪。有许许多多的诗人，他们是否有权领受这种头衔可能会遭到质疑，然而没有一个具有同等力量的诗人的头颅——一而再，再而三地被一些几乎是恣意妄为的手戴上种种花冠——会有这么多人都想把那特别的花冠从上面摘下。凡此种种都会给予那些巨柱基座上的大理石幽灵和纪念碑上的具体的人物一些莫名其妙的东西，直到后来，由于时光的迅速作用，单单他躺在那些被奉为经典并严加维护的人物中间这一事实也会磨掉罗伯特·勃朗宁这样的人的一些真正的棱角。

　　至于别的，从局外来判断，以他同时代人的眼光来鉴定，我们广大群众只能感到他的现代意识——我们指的是他作品中触及万象、全面尝试的精神，里面渗透着丰富的积淀和对知识的玩弄——取得了一种对刻板规范的征服，或者至少是突破。我们在这里既不能描述这两种成就，也不能描述他作为天才的其他任何因素，尽管毫无疑问，似乎没有一个当代文学家能比他更无意识地坐下来让画师为他画像。引人入胜的正是这种原创精神不完善的地方，因为它们绝没有把自己表现为弱点；它们大胆而有条理，粗糙而幽默，耐心的批评家不可对挖掘萌生出众多差异和矛盾的基本土壤失去信心。批评家也许最终会对那伟大的奥秘做出一些明确的解释，也就是说为什么一位天才能利用诗歌形式把诗情表现得气势磅礴、淋漓尽致，却对这种形式没有十分完善的掌握。批评家可能会成功地说明一位没有里拉琴的诗人——因为那其实就是勃朗宁的缺憾：他有琴头，却往往没有发声的琴弦——在他的鼎盛时期由于具有异常丰富的艺术魔力，所以能够神奇地驾驭他的诗情，这到底是怎么回事。批评家将会代表千千万万的有心人证明给予这样一位诗歌作者如此崇高地位是当之无愧的，尽管这些诗歌的性质或成功一直（与价值和数量比）被认为几乎是不值一提的。批评家都会去做这一切，而且还会做更多的事情；然而我们不必等着感受某种引起我们最近的同情，反映我们最近、最焦躁不安的自我的东西，近日已经登上我们文学的高处——用一句俗话说，就是显眼的地方。仅仅说一说最后二十年的勃朗宁先生吧，说一说像他那样的一种想象力多么迅速地认出了种种潜在的或者神秘的恰如其分的性质，而这些性质到了最后，也许可以通过泰晤士河把已经如此明显地变成一个伦敦人的人物同伟大的英烈祠联系起来！他已经属于这个伦敦世界，亲密无间，根深蒂固；对于伦敦的种种要求他已是司空见惯，屡屡出现，有求必应，所以考虑到他今天所代表的种种无穷无尽的典型，他将会从荟萃的名人中消失，而纪念名人则是伦敦人特殊的骄傲。对于熟知他的人们而言，他的伟大标志就是他是一种健康的力量，一种气质的力量，一种情调的力量。同样，他带进威斯敏斯特教堂的就是一种对生活的气势磅礴的表现，那是以豪放不羁和自由实验，以急于设身处地、应付复杂局面、承担后果的不带偏见的思想热情所表现出来的生活；是一种可以使任何坚持正统的苍白的伙伴惊恐万状的躁动不安的心理研究。

然而他所入伙的那群名流们可以尽管放心，因为他们一定会发现，只要他们还有代表性，这一点就会不言自明：尽管有一种使人想不到大理石的表面，有一种不拘一格的个人主义，他仍然像他们任何人一样，具有代表性。因为勃朗宁的伟大价值就是：从根本上讲，从种种深层的精神和人类本质上讲，他准确无误地属于那个伟大的传统——尽管他有种种意大利化和世界化的表现，尽管组织起来的种种社团讨论他，使他深受其害，但他仍然是最优秀的、最不肤浅的英国精神的光辉榜样。这就使在他后来的批评家应运而生，他们就得解决这样一个令人耳目一新的问题：如果细微不是英国精神最欣赏的特点，那么，为什么《人妇对人夫》的作者却把细微当作他永久的牧场，而且他依然成为他的民族的代表人物。他确实身手不凡，熔广博与精练于一炉。然而他玩弄奇异与特别，奇异与特别却从来没有把他湮没，他之所以能玩弄到底，正表明他的坚强。对于我们作为一个民族最崇尚的那些东西来说，他的声音最响亮，也最清晰——这些东西包括对信仰的迷恋，对生活的接纳，对生活神秘的尊崇，对生活负担的忍受，意志的活力，性格的归正，行为的美丽，尤其是，伟大人类热情的严肃。如果勃朗宁没有以其他方式为我们说话，那他就应当因为他对男女之间特殊关系处理上的非凡的美，而被确认为、驯化为、锁定为一个古典作家。他把这个问题处理成一幅完整出色的图画，这就同时以某种方式把问题置于行为与责任的领域里。然而，当我们谈到罗伯特·勃朗宁"为我们"说话时，我们就走到了特权的极限，我们把一切都说绝了。我们怀着一种安全感，也许甚至是一定的自得，把我们精深的现代意识，甚至包括我们混杂的现代语汇，交给他保管在名人中间。也许将来什么时候，我们会觉得这些东西扩大了照顾范围，使那种高级住宅对一些有待入住的人来说，更加舒适。

切斯特

　　如果把大西洋航行与那情绪颇好的大洋加在一起算作（当然可以算作）一个人美好经历总和中的一个显著的零，那么，刚到这个古老可敬的城镇的美国旅行者就发现自己不知不觉之中已经从新世界的边缘被运送到了旧世界的中心。切斯特离英格兰的门槛太近，这简直就是一种不幸。因为它是一座古镇非常罕见而完整的标本，所以它的一些著名的姐妹城市，什鲁斯伯里、考文垂和约克，它们后来的奇观则相形见绌了，于是旅游者对于美景的兴致也就顿时锐减。然而一个在英国旅行的观察力敏锐的美国人——我们的老朋友，那位多愁善感的游客——的第一印象则在他的心中激起了万端的感触，以致在这种魅力尚未消减之际，就在脑海里把大大小小的事情统统处理掉。我却一直在重新玩味着那些第一印象，并且打败了一个愤世嫉俗的对手。我和一位朋友沿着古城墙溜达了一回又一回——城墙尽管古老，却完美无损——它把这座人口密集的小城锁在它的石圈里。我那位朋友，由于对这如画的景致的兴趣已经消减，于是一路上怨声载道，"我已不再年轻，"就是他无休止的哀怨，"过去我对于它曾有所怀疑，可是现在我却一清二楚——因为从前让我的心狂跳不止的地方现在则略有动心而已，在那里，从前我可以在石头中找到启示，在草地上发现图画，发现美妙的启示和暗示是不可言传的，而现在我发现的仅仅是英国文明当中那硬邦邦、沉甸甸的枯燥平淡。"然而我逐渐习惯了我的朋友的悲歌，其实对它还怀有一定的感激，权当它是对低级痴迷的一种警告。

不管怎么说，我用激将法使他把切斯特壮观的小城墙的影响驳得一无是处。在英国，像这样令人愉快地频频出现的现象，也许找不出更好的例证了——那是一件被精心重新采纳并奉献给某种现代乐趣的古物或者古制。善良的切斯特人可以夸耀他们的城墙，却没有一丝以现代安逸为根据的思想保留，而这种保留则是浪漫主义者经常付出的代价。我不难想象，尽管大多数现代城镇想方设法要舒舒服服发迹，而不用这种石头围子，然而这些人却应该把他们的城墙逐步看作一种基本必需品。因为通过它，他们肯定会比那些没有束缚的邻居们对自己的城市了解得更加深入——审视它，感受它，一天到晚可以由着性儿反反复复欣赏它。这种城市意识一边这样在城市边上晒太阳，一边扫视着里面塔楼和山墙林立的小镇，然后再眺望威尔士边界附近蓝色的起伏的地貌，便很容易升华成怡然自得的感觉。城墙把这个地方围在一个连续不断的圆环中，这个圆环在经历了难以胜数、别具一格的世事变迁后，往往有崩断的危险，但从来没有完全使它的环节断裂。所以，无论从哪一点出发，溜达一个小时后你又回到了你的原位上。我对这种迷人的创造完全心驰神往，关于它，要说的东西太多，所以简直不知道从哪儿说起。我想，重要的事实就是它具有一种罗马式的基础建筑，它发展过程中的好大一部分就是建造在那一批建筑大师奠定的基础之上的。然而，尽管有这样坚实的渊源，但很大一部分都被埋没在久经践踏的岁月的土壤中了，它反而成了众多壁垒中最脆弱、最不具攻击性的了。它在战祸平息后的发展过程中，不声不响地完成了它那漫长的不规则的弧线。确实，有些地方，时光的淤土已经高高地爬上了墙基，这就成了一个规模不大的堤道。然而，无论在哪里，总有一堵参差不齐的外护墙和一条宽阔凹陷的石板路，宽得足以让两个人并肩行走。经过这样的构筑，它便迤逦而去，完成它那惊险的环行；时而下坡，时而转弯，时而变宽成了一片露台，时而变窄成了一条胡同，时而隆起成了一个拱形，时而下降形成许多台阶，时而经过荆棘丛生的花园，时而突出一个粗糙的常春藤覆盖的塔楼，使你想到它曾经是一个比这些更为繁复的所在。你可以随心所欲从城市的任何一个地方走近这座城墙，但在你的心目中，它那最终的古朴风貌只能有增无减。你每走几步，就能看见某个小小的庭院或者胡同钻过鳞次栉比的房屋朝你而来。它充满了弯曲、偶然、不可预测这类令人愉快的因素，这在习惯于我们永恒的直线与直角的美国人眼里，则是欧式街景触目的特色。一个在切斯特大街上闲逛的美国人发现，弯曲是一种完美的享受——那些杂乱无章的旮旮旯旯、凹凹凸凸、奇奇怪怪、或有或无、魅力无穷的家居空隙，那些使一种被棕色石头门面麻木了的眼光有豁然开朗之感、不可胜数的建筑学上的奇异多变、怪诞不经，都是一种完美的享受。一个美国人天生就有这样的想法：他在国外漫步时，他的面前永远是平坦的城墙，像他在这里所发现的无限的意外和无尽的效果所构成的那种启示，着实让他耳目一新。它也产生了这样一种反映——也许是一种肤浅而虚妄的反映——在它的场景的这种狡黠的明暗对比中，生活必定具有更多的家常娱乐。如果说童年——或者后来对童年的回忆——肯定从这种背景中借用了一种丰富的轶闻趣事，那至少也不是无知妄说。我们都知道在后来心境的回顾中，早先少年时期的轶事如何把每一件都显而易见地"创作"成一幅单独的图画，这一进程所具有的一种魔力，就是最伟大的画家也没有相应的技巧。狄更斯的《大卫·科波菲尔》以及乔治·艾略特的《弗洛斯河上的磨坊》早期的一些章节中有这种魔力的生动的反映，因为这两位作家有幸在非常古老的环境中长大。这个蔓延无序的城墙中的两三段尤其属于给人们留下珍贵记忆的那类事物。在一个地方它绕到大教堂墓地的边缘，又从那宏伟的方塔下面、在歌坛神圣的东窗后面延伸过去。关于大教堂还有一些话要说，但是只有我所提及的地点才是感受一座英国修道院雄伟的塔楼在建筑界的影响是多么微妙的最佳立足点——至少从理论上讲，影响是深远的——它主宰着人们的家居；在那里也可以看到燕群的飞旋，这使得这巨大宁静的石工建筑区看起来更加广阔。在另外一点上，两座破败坍塌的塔楼，在常春藤的缠绕中一天天衰败，造成了一种设计奇特的娱乐景观。一座塔楼嵌于城墙之中，另外一座塔楼通过一段短短的坍塌的砖石垛子与城墙相连，它们都有助于形成一种斑驳陆离的地方色彩。一条林荫道在土墙根下蜿蜒；旁边有一条窄窄的运河经过，运河上有水闸、驳船，以及穿着罩衫、马裤的强壮的水手；而那两座古老可敬的塔楼坐落在残破公园的松软草地上，古老红色的砂岩塔身从绿色披风的缝隙里露出来。所谓公园，只不过用于社交使用的一片弯弯曲曲的土地而已，显然，这样的公园在英国随处可见——满足"群众"需要的一种奉献。Stat magni nominiumbra.① 这句话用在这里格外恰当。因为这个小花园里到处点缀着长满青苔的古罗马石头建筑的残迹，零零碎碎的人行道、祭坛、澡堂，都从当地土壤中显露出来。英格兰是个小规模经济的国家，过去那些零七碎八的东西现在很难不派上好用场的，于是这两座古老的砖石建筑的躯壳就摇身一变，成了"博物馆"，收藏那些布满尘土、破烂不堪、特别俗丽的古董。有两个狄更斯式的怪人在这儿管理，人们发现这种人物挤进了英国文明的旮旯儿旮旯儿，就像一块发霉的乳酪中的螨一样勉强维持着生存。

切斯特重视其廊道的程度仅次于城墙——甚至可能超过城墙——这是一种必须受人欣赏的具有特殊风格的建筑。它们是一种意大利赏心悦目的拱廊和柱廊的哥特版，粗略地说，那只不过是一条在房屋的第二层楼上穿过的连续不断的公共走廊。低矮的底层正好就在车道上面，这高高在上的游廊上每隔一段距离就有一段阶梯往下通到车道。房屋上面的部分都向游廊的外檐突出，用柱子和胸墙顶着。铺面都面朝拱廊开着，你可以进入那些做买卖的小洞

---

① 拉丁语：威名的影子仍活着。语出古罗马诗人卢坎（公元 39—65）的史诗《内战记》。

穴，按它们后面的照明情况来看，那里如果不开灯多多少少有些昏暗。如果优美的景致可以由它对我们现代便利主义的敌视态度来衡量，那么切斯特可能算是世界上最浪漫的城市了。这种布局提供了无穷无尽的机会以取得娱乐效果，不过这种建筑的十足魅力——其中娱乐效果是不可或缺的一部分——只有从下面的街道上才能观察出来。切斯特现在依然是一座古镇，中世纪的英格兰勇敢地坐在她的三角墙下面。每三座房屋中就有一个"标本"——有三角墙，有格子窗，有木头大梁，有精雕细刻，大致可以看出它的年月来。这些古老的住宅展现出深深浅浅程度不等的历史色彩和表情。有些住宅因年久失修，发生形变因而十分黑暗，让光线照到隐藏着的廊道的那一溜缝隙似乎坍塌在它那错了位的支柱上，活像一对没有牙的老颚骨；有些住宅则挺立在那里，显得膀宽腰圆，非常结实，梁漆得亮亮的，扶得直直的，灰泥粉刷得白白的，雕刻擦得光光的，占满了门面宽度的低低的窗子挂着窗帘，摆着花盆。显而易见，真正的城镇居民勇敢地接受了过去遗传下来的景况，而对老门面的大量丰富、聪明的修复则把他们的虔诚和原则有效地混杂在一起。这些深思熟虑、技艺精湛的维修证明了人们对该市风景如画的价值有高度清醒的意识。对于恢复一种前所未有的新鲜，对于进行一本万利的修复的这种死灰复燃的无知，我确实多有怀疑。对于那些真正的古物，本来会有很多话可说，因为它们实在是哲学家研究的一个主题。然而对于我这支秃笔来说，这个主题未免过于沉重，我只能表示一下赞叹而已。它们古怪得令人难受，表现力强得叫人害怕。如果凝目注视其中的一件，也会感觉它似乎在散发着无常的气息。每一个斑点、每一处缝隙似乎都在诉说着人的记录——一种没有空气，也没有光照的生命的记录。我一直苦思冥想它们被"快乐的英格兰"子孙赋予生机的状况，但我能想到的却只是充斥着凄惨旧世界的痛苦和恐惧的受害者。在这些铅和瓶玻璃构成的穿不透的格子窗上，那黑色的外梁使得天花板近得叫人透不过气来，生活在窗子后面的人生，也能有轻微的自由，也能绽放出淡淡的馨香。

我沿着廊道溜达时，感触最深的莫过于这样一种事实：哪怕是最热情仔细的观察也只能对这些民族风俗中的微妙差别了解一鳞半爪，有些最明显的差异也是如此之细微，如此难以确定，只能使人放弃想把它们表达出来的努力，尽管就此拉倒无非就是扔下一张草图。当你随着熙熙攘攘的人流从一家店铺走到另一家店铺时，你就可以感觉到当地的风俗和传统——那可是事物的另外一种色调——从四面八方压迫着你。这种事物的色调比我们带的更显浓厚，习俗模式显得更加绝对、明确，它们似乎蜂拥而来，加重了你周围的气氛。无论在精神上还是形体上，那都是比我们周围的空气更加浓密的一种空气。和英国人相比，我们在国内似乎是一盘散沙，而英国人个个严丝合缝，恰合其位。英国是个拥挤的国度，这不是一个推断的事实，却是一个可以感知的事实。威斯敏斯特侯爵居住的（或者我相信可以迁就他没有居住的观点）伊顿庄园里有的是寂静和空间——芳草萋萋，橡树点点的空间，但切斯特有的却是人群和喧嚣。无论你走向何处，总是人潮泛滥。如果你黄昏时在城墙上漫步，你会发现人群摩肩接踵。如果你在教堂的幽暗处徘徊，就会有十来个闲逛的人搅和你的清静。你向一条胡同或小街扫上一眼，也会看到人头攒动的窗户和熙熙攘攘的门前台阶。你就是驱车在乡间大道上奔驰，也会发现绿色的路旁有数不清的寒酸的行人。英国风景总是一幅"人物风景"。无论你去哪儿，你总会隐隐约约地感觉到这个不列颠孩童在你的膝下衣边盘旋，光着身子，蓬头垢面，有不祥之兆。只有当想到澳大利亚、加拿大和印度时才能感到一丝身体上的轻松。当然哪里人多，哪里的需求就多；这就向达观的外邦人证明排列在昏暗的廊道旁的小店有浩瀚的数目和难以抗拒的风情是有道理的。我总觉得这些铺面是英国最雅致的东西；眼馋地观照那些又大又亮的窗玻璃，因为后面闪闪发光的黄铜杆上雅致地挂着绅士们的下身覆盖物，我简直不愿承认自己在这上面浪费了多少时间。商人们在卖这些令人舒适的物品时的态度很少不给你留下愉快的印象。你哪怕只花了两个便士，他们也对你谢不绝口——这种现象对一个真正善于分析的头脑来说具有深层的意义，我总觉得它回荡着我童年时代仔细品味过的埃奇沃思小姐①某本小说的袅袅余音。当你想到这些密密麻麻的店铺及店主所隐含的微薄的利润、小小的妒忌、久久的等待，以及凶多吉少的日子相隔不远时，你还会听到英国习俗中那种深沉的基调发出的稳定的隆隆声，这些习俗往往遭到过分的渲染，带着那样甜蜜的引

---

① 玛丽亚·埃奇沃思（1767—1849），英裔爱尔兰女作家，以写儿童故事和反映爱尔兰风土人情的小说著称。

诱，伴着更加微妙的和声，但绝对没有消失——那是经济上的生存竞争。

你能想象廊道是多么"风景优美"，它就有多么优美。可惜它们的现代意识诞生之前，却没有英国的巴尔扎克用一种心理学的纪事方式把它们引进一本现实主义传奇中。然而大教堂更胜一筹，尽管它在英国的教堂名册上地位并不十分显要。它的规模适中，形式和装饰都相当平淡。但对一个美国人来说，它描绘、解释着这种类型，因而也能使他产生应有的激动。其中叫人不由得感到遗憾的是无情的革新家吉尔伯特·斯科特[①]先生聪明绝顶地赋予它技艺精湛、色彩鲜艳的砖石建筑，以此取代了它的很多古老的东西。原始结构的红砂岩尽管被时光变暗、吞食，但在很多地方还残存着，正皱着眉头嘲笑那些强加的修补需求。然而，那座全部修复过的巨塔高耸入云——大教堂的塔楼都该如此——似乎属于那回响着钟声和燕语的高邈的天空，似乎向四面八方宁静地摆正它凸凹的塔身。英国大教堂的内部，乍一看显得苍白、光秃；但如果你站的地方比例适当，间距分布够大，过一会儿之后，当你发现亮光从冰冷的天窗上柔柔地泻下来，你的目光爱抚似的打量着高高的柱子和空空的拱门，又在墙上大理石或黄铜上面的那些古老典雅的铭文上流连；尤其，当你意识到空气中的那股甜甜的、凉凉的霉味就像主教制的气候一样萦绕在这些地方时，你也会逐渐感觉到这些教堂与其说是一

---

① 吉尔伯特·斯科特（1811—1878），英国建筑师，以设计哥特复兴式建筑著称。

种已经逝去的信仰的躯壳，不如说是一种现在依然可以确认其存在、可以唤起很多回声的信仰的住所。天主教一去不复返了，但圣公会还奏着仅次于它的最好的音乐。至少上个礼拜日或上上个礼拜日，我坐在切斯特教堂的歌坛上等待金斯利 ① 牧师的一次讲道时，我觉得情况就是这样。我这个不谙宗教仪式的人觉得，圣公会宗教仪式从来都没有这样一种盛大的歌咏场面——有这样歌声激越、绕梁三日的效果。我们所坐的这种巨大的橡木建筑——坐上去硬邦邦的，让人有些担心受伤的肋骨和膝盖，也是情理之中的——想要爬到柱子那种更令人头晕目眩的高度，却是白费力气；几个主持仪式的大教堂教士的甜美的英国嗓音；排队坐在布道坛下面、脸蛋儿红扑扑的"王家学子"，穿着袖子好像白色翅膀的法衣，他们在靠背长椅边上露出的脑袋，看上去像一排排睡着的小天使：这种场景中的每一种成分给它赋予了一种壮丽的美。这一切也显示出英国处处都存在的事实：保守主义在这里独具魅力，使得不顺从国教、民主及其他普普通通、形形色色的信仰留下的传统变为乌有。保守主义掌握着大教堂、大学、城堡、花园、传统、社团、好听的名字、得体的礼数、诗歌；不顺从国教掌握的则是外地小街道上阴暗的砖砌成非国教徒的教堂、狄更斯小说中的人名、时有时无的 h 音，以及

---

① 查尔斯·金斯利（1819—1875），英国圣公会牧师，作家。支持达尔文学说和宪章运动，倡导基督教社会主义，主张提高工人的物质和精神待遇。下文提到的《西进》《海佩霞》是他的两部历史传奇小说。

可怜的 "mens sibi conscia recti"。① 两者间的差别在别的国家显得无足轻重、变化多端，甚至可以说是形而上学的，然而在英国则相去天渊。再没有一个地方一个人得体的程度会造成如此实在的结果，在我们中间（还有他们在欧洲大陆种族中或多或少地拥有的那些相关的人中）信口开河、开开玩笑、当作俗话脱口而出的神圣的字眼，在这里却要正言厉色地讲出来，我相信对此我毫不以为怪。简言之，敢于坚持一己的信仰就等于敢于冒天下之大不韪，我想，要做一个不顺从国教的人必须要有不做一名公爵的那种耐心。也许不顺从国教者（这个问题只限他们）总想方设法让一切依赖布道，好使自己不进国教礼拜堂。大形式和小流露中间有一种奇异的联系，这是一个家喻户晓的事实。金斯利牧师的布道又是一个例子——对于那些渴求"自强不息"的古老良好的风气的人们来说，这不是没有意义的。在那三重神圣的穹顶之下进行的布道本应庄严有加，但它没有。我承认，由于念念不忘《西进》和《海佩霞》的作者的旧情，我就不好再多说了。我想，一个美国人从这种矛盾中并不是不能得到一种暗暗的满足的。他欣慰地发现在一个永久的马戏场中培养出来的凡人也毕竟是凡人。他一直感受到英国生活这种优美如画的特征，这就容易养成一种习惯，谈及构成我们生活戏剧背景的那堵死墙就情绪黯然；而且由于在这种荒唐的情绪支配下，甚至怀疑我们是否拥有他时而急切希望的美的范畴内那一点尚可的价值，他

---

① 拉丁文：自认正确的心。语出维吉尔《埃涅阿斯纪》第一卷 604 行。

就对我们在"重要"的范畴内的地位深表怀疑，他不禁暗暗纳罕：这是不是一块更加可爱的国土，是不是一个更加富强的种族？这当然永远是想不明白的。于是主持仪式的大教堂教士在身着白色红边长袍的教长和身穿黑袍、手持银杖的教堂司事的陪同下，以一种按美国人的观点看来是堂皇的教士步伐，走下美丽的歌坛，登上一个哥特式石头结构的有华盖、有尖顶的华丽布道坛，并且证实——不是一个"代理的"杰里米·泰勒 ①，这时候，我们这个可怜的多愁善感的旅游者开始再次抬起头来，心想只要我们有机会，我们就大都要挺身而出，利用机会。我确实不能相信在他过激的反应中，他就能强忍住不去责怪这些英国邻居，说他们捉摸不透、麻木不仁，就不想断言他们身在福中不知福，不想断言只有那些热情的朝拜者、茫然的外国人和其他被剥夺了特权的人们，才能欣赏这个令人赞叹的国家的"特点"。

---

① 杰里米·泰勒（1613—1667），英国圣公会教士。

利奇菲尔德和沃里克

　　身在牛津什么都写，就是不写牛津，可真需要多愁善感的游客费尽心机。然而我一心想为最近游历的另外三四处景致了却一桩心事，因为那种乐趣的浓厚程度几乎不亚于我对这座学术天堂的兴趣。其中首先要说的是利奇菲尔德这座教区总教堂所在的城市——我之所以说这座城市，是因为利奇菲尔德除了它浓郁的基督教特色之外，还有它独特的个性。在它小小的集市广场的中央——外省的集市广场中最死气沉沉的一个——矗立着一尊"地方守护神"约翰逊博士的巨像，这尊雕像与一座几乎和那大教堂一样大的建筑物建造在一起，真是合乎人情之举。博士的雕像由某种并不太值钱的复合材料制成，漆成了鲜亮的棕色，设计并不出色，却填补了这个小广场的空旷沉闷，就像他那伟大的人格占满了他故乡的镇志一样——只给加里克①留下了一点边角。克罗克②编的《鲍斯威尔》

---

① 戴维·加里克（1717—1779），约翰逊的学生，英国演员，戏剧家，革新演出方法和舞台技术，表演清新自然，着重阐释人物性格，作有二十余部剧本。

② 约翰·威尔逊·克罗克（1780—1857），英国历史学家，以编辑鲍斯威尔的《约翰逊传》闻名。

中，有一卷收有约翰逊故居的一幅钢版画，凭着依稀的记忆，我在他现代化了的门面下面发现了这座住所。它的墙上没有任何铭文，除了因为使用柱子支撑上面的楼板而下沉的地下室有一丝古韵外，似乎与约翰逊的时代或声名并无特殊的契合可言。利奇菲尔德总体上让我觉得她那伟大儿子并没有多少关于这座城市的内容好说，除了那种狭小、单调、沉闷，不难想象在这种环境中一个渴求知识的伟大思想家会闷出病来的，这就有助于解释博士后来对于伦敦近乎狂热的钟爱。我在寂静的街道上转悠，试图叫街上再现那些头戴假发的成人和脱离襁褓裸穿着童装的小孩，我一边在大教堂周围流连，一边试图猜出教堂哥特式的典雅给约翰逊生硬的古典主义的启示。然而我获得的至多只是一幅平淡无色的图景，在我的心目中出现的最生动的景象还是面朝坦普尔门的伦敦四轮马车最廉价的座位上坐着《拉塞拉斯》的年轻作者，由于眼睛近视而眉头紧锁。利奇菲尔德镇的兴味已随他而去。这个地方十分陈旧，其实并不古老，好像那博大的禀性吸收、侵吞了它原来的生机似的。

然而，如果每一个沉闷的外地小镇只在利奇菲尔德大教堂那样富丽的一座大教堂周围形成一圈宁静，那人们就会由于自得其乐而感激不尽呢。利奇菲尔德大教堂在教堂里算是宏伟的，而且还勇敢地履行着它在这个地位上应有目标的基本职责——似乎有一段时期，总的来说（对于没有受到建筑文化熏陶的人来说），是所有目标中最美好的。奇怪的是，这座教堂坐落在山坡上，我想，之所以选定这个特殊地点，是因为那里被某些原始的殉道者的苦难变圣洁了；看见上层建筑如何克服姿势的歪斜，它的巨塔如何在半空中凌驾在那完美匀称的状态之上，真让人赏心悦目。庭院尤其引人入胜；长长的一片水域在后面扩展开来，除了能将视线引向一片甜美翠绿的景致外，它还做出一种难以估量的贡献，那就是把三座从遮蔽主教邸宅和教长邸宅的大树丛中露出的塔楼尖顶倒映出来。这些神情严峻的房舍位于山的北坡，在它们那巨大的门柱和精心制作的栅门后面似乎有着乔治王朝的遗风。栅门前面有一排高大的榆树，这些树在约翰逊年轻的时候肯定就已经非常古老了；在树木和大教堂的长扶壁之间你可以来回徜徉，（我想）英格兰所有的惬意都能在此找到其混合的感觉。在这里，你也可以从西侧的正面往后一站，站得比许多情况下站的更远一点，悠闲地领略它铺张的装饰。你也许悠闲得有点儿过分，因为你很快就会发现草草扫一眼不可能发现的景致，比如那广阔的正面已经被粉饰灰泥、油漆掩盖了，发现查理二世那几乎具有哥特式的怪诞风格，戴着假发、羽饰，身着宽松短罩裤的肖像，矗立在中窗之上；发现其他各式各样的圣徒和国王的雕塑，最近才爬进各自的壁龛；发现这茫茫一大片，一句话，只不过是一个骗局。凡此种种都是大约五十年前按修复时的审美干的，然而这样一来，由于对尖塔的支撑，部分冲淡了它高大的正面的气派，也部分冲淡了那有浮雕图案和人像的宏伟表面的气派。因为大门低矮（英国教堂备受责难之处），正面就更显得高大。然而，从一个低矮的大门下穿过去，我发现自己凝神注视的却是一幅你可以想见的最高贵的教堂景观。教堂的长度极为壮观，正厅和歌台之间的屏风移走了，所以正如人们所说，教堂这座巨大的容器从头到尾，成了一条大道，两边细柱林立，顶头似乎是一扇红、蓝、黄三种宝石嵌成的大屏风——这便是英国最华丽的圣坛东窗之一。教堂由于太长，所以看起来就显得窄了一些；这就是那位完美无缺的诗人拉长了的过道，在这种一览无遗的景观所产生的效果的统一中，有某种雄伟高雅的情调。一种奇特的建筑狂想增加了它的魅力。站在门廊中间，你发现东墙并不直对着你，而且在歌坛开始的地方，远去的过道稍稍向左偏斜，据称这暗示着十字架上的救世主头垂下的方向。看样子，吉尔伯特·斯科特先生最近又在这里苦心孤诣，为了达到好的目的——洗刷上世纪的过失。这一段非凡的时期耗尽了无穷无尽的想象，以证明上世纪并没有什么过失可言。无处不有的粉饰则是对它的冒犯行为中最轻微的。但这些粉刷已经被刮掉了，留下的坚实的石工使人一望而知。精致的柱头和飞檐的外壳被削掉了，又小心地重凿了一遍，而且整个殿堂从美学角度讲，又举行了一次落成仪式。幸好，它最美丽的特色用不着修缮，因为它的完美就是它的保护伞。利奇菲尔德的大歌坛窗采用的是最高贵的玻璃工艺，在它的魔力面前，人的灵魂已经变单纯了。我不记得别的地方还有这样圣洁、庄严，同时如此富丽、逼真的色彩，也不记得哪里还有这样具有虔诚的装饰但又如此充满活力的系列设计。这样的一个窗户我觉得是一座大教堂中最神圣的装饰；不像穹顶、屏风、圣坛，仅是通往精神境界的朦胧偶然的许诺，而它恰恰是整个誓约的履行。利奇菲尔德的这种玻璃窗并不因为一眼看出它源于国外而有损于它的品位。显而易见，它超越了这一领域英国天才的范围，所以它至少表明储存在欧洲大陆的教堂里的天国的珍宝。这个窗户可以追溯至 16 世纪初叶，六十年前从比利时一所坍塌的修道院转移到这里来。然而，这一切还不是利奇菲尔德教堂的全部。只有你在庭院四周多走几次，只有在你走走停停之际，注视三座不停地改变相互关系的尖塔，你才能把它看个明白。两座较小的尖塔在前面并列，扶摇直上，第三座气宇轩昂地骑在刚劲挺拔的屋顶线上，再不可能有比这种组合更壮观的了。再过一段距离，在天空的衬托下，这长长的屋脊显得无边无际，那大尖塔跨坐在上面，仿佛是一个巨人骑在乳齿象上。尽管中央尖塔的高度比另外两座的高一倍，但如果你从某些地点望去，它却在一种视角中被推向后面，这种视角使它的高度一下子跌到其他两座塔的一半，而把那两座抬升到高大无比的程度，这样就更加深了这座建筑硕大无朋的感觉。但要描述在这样一座大教堂的周围信步流连时所看见、所想象、所思考的一切，那将是颇费时日的。

徒步寻访一个人多多少少梦寐以求的对象，找到了门路，悄悄地走近它，如果这是一座教堂或者城堡，终于看见从榆树或山毛榉树顶上显露出的塔顶——健步如飞扑上前去，露面、停步、先长吸上一口气，因为这是诸多感觉之间的一种折衷举动，甚至在摄影的强光驱散了旅行的那么多甜蜜的神秘之后，这是留给旅游者的一种乐趣；即使在这个季节，他随时随处可遇上十来个刚从圣地回来的朝觐者，那些人可以说个个都是和他过去一样的大傻瓜。或者当他们抵达时，注定又要碰上十来个正在打电报汇报他们一路印象的同类人，即便在这样的一个季节这也是他的一种享受。那样的乐趣，最近我可是尽情享受了一番，因为我沿着瓦伊河畔一条草径步行去哈登山庄，在这种百看不厌、绵无尽期的英国暮色中纵情观赏。哈登山庄坐落于德比郡的群山之中，我将要写到这是一个美国人大肆骚扰的地区。然而我却是在极其幽静的情况下完成我自己的诡秘的朝觐活动的；而且当我望见乌鸦出没的榆树林中的灰墙时，我觉得自己并不像一个风尘仆仆的游客，而是像一位成功的探险家。作为一名风尘仆仆的游客，我肯定很少享受过比在一座倾圮的灰色小石桥上度过的更为迷人的一些时刻——我想那也是人人可以尽情享受的。那是一座窄窄的单拱桥，横跨一条从山上底部流过的涓涓细流，那些墙和树林从山丘上俯视着一切。暮色更浓了，嶙峋突兀的雉堞墙和低矮宽大的凸肚窗从枝叶中间黯然窥视，白嘴乌鸦在霞光灿烂的天空盘旋喧闹；如果这里有鬼魂，我是应当见过的。事实上，正如我们当今看见的鬼魂一样，我确实是见到了。带着恰到好处的紧张，我感觉到了那景致难以言传的精神。古老的生活，古老的习俗，古老的人物，似乎又出现了。那位领你参观山庄的少妇刻意的戏剧性动作——她做得有些无精打采——无非是要给你指出一扇从角楼开向后面的露台的昏暗小门，那正是多萝茜·弗农和约翰·曼纳斯勋爵私奔时通过的出口。我对这段插曲一无所知，因为第二天我才进了这个地方，而且对于这两名演员的历史我仍然不甚了然。但当我置身于编织着此地罗曼史的薄暮中时，我承认多萝茜·弗农那样做也在所难免，并且十分理解约翰勋爵的行为。当然那起浪漫事件发生在这样一个夜晚，如果听的时候信以为真，我或许可以听见堡院石板路上鬼魂的脚步声，并且在他们的动作中感觉到昔日的心跳。然而我可以凭良心起誓，我所听到的唯一脚步声却是在第二天早晨平淡的亮光中领我穿过宅子的那位少妇留下的远非鬼魂的踩踏声。哈登山庄我相信是那种以"令人失望"为时尚的景观之一；没有一条正式道路通往这座住宅，这就在很大程度上说明了这一事实。这所住宅只把它那低矮灰色的正面展示给大路上的每一个跋涉者。但这个地方的魅力与其说是来自壮丽宏伟，不如说来自惨淡凄凉，所以它的魅力被这种明显的苟延残喘的态度加深了，而不是减少了。就此而言，当你穿过那宏大厚实的低矮门楼，进入那陡峭的小小外院时，现在似乎被有效地挡在墙外，过去则被圈进墙里，甚至就像一个埋进坟墓的死人。它就是6月一个明媚的早晨中哈登山庄的亡灵；那些寂静的庭院和房间由于具有死灰色和褪了色的棕色色调，就像腐朽的死人的干骨头一样被时光漂白了。这样把两者进行对比有些古怪，但哈登山庄使我有悖常情地想起庞贝古城的一些更大的住宅。过去的私生活，无论是什么情况，都同样清晰地以小得不足以动摇想象力的规模展示了出来。其实，这座古宅很少有典型的封建城堡的规模，所以几乎使人想到隐藏在博物馆尘封的角落里的那些大建筑物的一些微小的模型。但它又大到完整喜人的程度，又能存得下芳草萋萋的庭院里的无限诗意，这些庭院，从那些宽大凸出的窗户望进去可以看得见，借助倚墙而上直通高高在上的小门的弯弯曲曲的石头楼梯可以从中爬出来。哈登山庄的"色调"，所有的墙壁、塔楼和石工的"色调"，就是未经打磨的银灰色，所有的石头表面都盖满了时光灰白的剥蚀，而那似乎以缓慢的破败为食的茁壮的常青藤则绿意盎然，两者之间存在的甜美的和谐——既赏心，又悦目——对于到过英国的读者来说，几乎不用提醒便一望而知。关于这种景象和数以百计的其他景象——从那些入口低矮、石头铺地的空屋子所具有的景象到人们在阴暗的塔楼楼梯最终出现的地方所注意到的景象。空屋子里面曾经生机盎然，艺术氛围浓厚。而那塔楼楼梯与那些最高的山毛榉树顶平齐，紧靠着布满裂缝、太阳暴晒、曾让堡旗在堡林上空飘扬的扶墙——关于种种可悲的废弃和别具一格的衰败，哈登山庄都有某种令人赏心悦目的范例。它最雅致的景点无疑是一个庭院，一段堂皇的台阶从那里一直登上露台，我已经提到的弗农家的女儿就是在露台上对我们要求了解的所谓的情况提出贴切的想法的。这些台阶，还有露台，它那顶上有常春藤覆盖的大石球的矮护墙，它那茂密的树林构成的高大的背景，形成了莎士比亚喜剧的某些部分的理想场景。我的同伴说："这完全是伊丽莎白时代的风格。"在这里奥丽维娅伯爵小姐或许听过想入非非的马伏利奥①的谈话，调情的高手贝特丽丝，也许曾经邀请培尼狄克②来吃过饭。

查茨沃思离哈登只有几英里之遥，那里的壮丽，可以成为它的

---

① 以上两人为莎士比亚喜剧《第十二夜》中的人物。

② 以上两人为莎剧《无事生非》中的人物。

更加秀美的长处的重要衬托，我相信，在游客的眼中，它的壮丽跟它的魅力一对照，应该说增添了它的近乎意大利式的破败景象。然而，查茨沃思的壮丽尽管不容置疑，但两三天以后，在我的心目中就黯然失色了，所以将来每当我想起一座英国宅第时，我只会想到沃里克，而每当我想到一座英国园林时，也只会想到布莱尼姆。坐火车穿过沃里克郡平和的土地就为你欣赏那座古堡的壮丽景致做了不少准备，那座城堡好像只不过是弥漫在这片广阔的田园式的土地上普遍的繁荣、和平、悠闲的伟大象征和集合体现。沃里克郡的草地之于常见的英国景色，就如同这种常见的英国景色之于世界其他地方的景色。因为你放眼望去，连绵多少英里只有一片连一片的丝绒般的宽阔的坡地牧场，牧场却被刁钻古怪的粗毛羊群啃食过度，而且装点着树篱，以树篱蔓延繁茂的翠绿中，常青藤缠绕的高大的橡树和榆树以一种建筑学的匀整拔地而起。这片风景使人过多地产生食用的联想，这确实是一种罪过；它具有食品室和马槽的味道；它太像羊，太像牛，甚至有点像驴；如果你打算相信你眼前的一切，那么这个粗糙的球体就会成为一种没有骨头的球，上面覆盖着长毛绒那样的东西，样子也许就像桃子上的绒毛。你一边行走，一边浮想联翩，这些想法便给景物赋予了性格。沃里克郡——你一遍又一遍地念叨——就是莎士比亚的故乡。那些认为伟大的天才就是某种成熟、健康透顶、人情味十足的东西的人也许会在这一事实中找到安慰。这有助于活跃我自己关于莎士比亚性情的模糊概念，因为我发现迫不得已将牛羊肉的概念与莎士比亚的情绪联系起来并不特别令人震惊。在沃里克的牧场上，有一些东西就像在诗人含蓄的寓意中具有的一些东西一样确定，一样摆脱了对岩石和森林的浪漫的憎恶，一样深深符合人类的需要。

　　总的来讲，沃里克城堡跟人类的需求并不十分和谐，能让那多愁善感的游客更为满意的地方实在寥寥。这可能是他渴望住在其中的唯一的名宅。那场我们去年冬天在美国多有耳闻的大火似乎只烧毁了这座住宅的一些无关紧要、容易割舍的地方，而那些高耸于大树和城镇之上的巨塔仍像从前一样气势恢宏。从如画的景致上讲，沃里克没有按通常的流行方式，隐退到园林里的土地上，却因此有所得。那条乡村街道在花园墙周围蜿蜒，然而街上的嘈杂声还没来得及爬过园墙就消失了。看样子这些石墙不一定都建成一座监狱，有时也会建成一座宫殿。虽然这座宅第的窗户和塔楼形成了那个忙忙碌碌的小镇的主要特色，它周围却保持着惊人的幽静。所以就石墙的功能而言，再不可能有比这更好的范例了。在沃里克，过去与现在把手紧紧地握在一起，所以你简直说不出一个从哪里开始，另一个从哪里结束，而且你宁愿错过我刚才称之为哈登的意大利式破败景象的各式各样的缝隙和间隔。这里有一座恺撒塔、有一座盖伊塔，还有五六个别的塔，但它们显得古朴完好，所以你还真不知道该把它们视作一座翻修过的古屋的组成部分，还是被别开生面地废弃了的新居的组成部分。然而它们就那样一头栽进青草遍地卵石铺路的庭院里，从那里看，它们的城垛还真带些封建时代的派头，它们也栽进在那些大到能供人游乐，同时，又像理所当然的那样，小到不令人惊讶的花园当中；塔楼中间有一系列大房间，在房间的大凹窗前你可以把目光从凡·戴克[①]和伦勃朗[②]的画上移开，顺着那峭壁般的高大建筑眺望艾冯河，艾冯河就像一条雄伟的护城河冲刷着建筑的基部，上面有桥，两岸有树，心里有记忆，凡此种种都表明——这是一座世袭巨宅的样板——一座不用激怒民主的良知便可充分满足想象的巨宅。沃里克的藏画使我重新想到关于这个问题的一个老结论，使我想到好画的最好命运就是不要挤进那些公共收藏中去——甚至也不挤进相对清静的四方沙龙和教堂后殿中——而是在华厦的墙壁上挂上五六幅，间距要大。人们不妨说，在这里，历史氛围几乎是对常见的光线不足的一种补偿。如果对于大部分画来说情况是这样，那么对于凡·戴克的画来说，情况更是如此，因为无论在哪里看到他的画，你都会认为由于他具有成为他的风格标志的良好的教养，所以他在画中已经考虑到了这些地理条件，并且预先将他的画设定在它目前悬挂的位置上。就挂在沃里克的凡·戴克的画而言，这实际上是一种错误的观念，因为这些画中没有一幅描绘的是这个家室的成员。其中仅次于那幅有名的神情忧郁别具一格的查理一世——死亡，或者至少是那匹灰马背上的死亡预感——的最优秀的，也许就是来自热那亚布里格诺尔宫的一幅肖像；画里是

---

① 凡·戴克（1599—1641），佛兰德斯画家，英王查理一世的宫廷画师，作品多以宗教神话为题材，尤以贵族肖像画著称。

② 伦勃朗（1606—1669），荷兰画家，擅长运用明暗对比，讲究构图的完美。

一位身着黑衣的美丽贵妇人和她年幼的孩子。我上次看到的凡·戴克的几幅画是这位女士留在热那亚宫里的高贵的伙伴，这时我一边注视着她，一边考虑她生活环境的巨大变化。在这里，她坐在英格兰中心的柔光里；在那里，你几乎可以想象她在地中海反照出的强光中眨着眼睛。强强相对——构成的情景的对比——我简直不知道该选择哪一个。

北德文郡

对于那些认为广阔的英格兰主要意味着极致的田园风光、喜爱遐想的观察者来说，德文郡则意味着英格兰的极致。在这里，英格兰景致中一切极具特色的优雅如此大胆地建立在它们十足的正统之上，所以还没有等我们完全跨过郡界，我便开始迫不及待地从马车车窗中寻找那些水彩画中才有的名副其实的风景，我至少扬扬得意地认为这是理所当然的事情。德文郡顿时以它全部的纯洁迎接你，才十分钟，你已经把十来条德文郡小道的翠绿远景尽收眼底了。在长满青苔和芳草、闷在野花丛中、绣着蔓生的连钱草的最精致花边的巨大路堤上，竖立起开花的山楂、闪耀的冬青和金色的金雀花，还有我叫不上名字的粗壮普通的灌木筑成的密密层层的墙壁，它们向天空扬起纠结的花丛，而天空似乎在它们中间向下窥视，有些地方，离蓝天只差十来英寸①。遍地散布着可爱的小花，它们的名字就像它们那些金色、银色、蓝色的花瓣一样巧妙——什么"鸟儿眼睛"呀，"国王指头"呀，"浪游水手"呀——而路上的土壤，是

---

① 使用于英国的非正式标准化长度单位。1英寸大约为2.54厘米。

一种绝妙的暗红色，有的地方几乎变成红色，所以你简直会想入非非，以为那是在药铺里买来的什么神奇的化合物，是撒在那里的装饰品。这种色彩艳丽的土地和透过树篱的暗绿色的光线交相辉映，是刻意创造的美的杰作。德文郡的农舍同样也是时代、季节与风俗的一种引人注目的产物。层顶上是茅草的重压，墙壁上覆盖着具有一种能使画家觉得赏心悦目的色调，那是粗糙的白色灰泥，隐蔽在茂密的绿叶丛中，门口台阶、道路旁点缀着形形色色的胖乎乎的小不点儿，所以它似乎安置在那儿，显而易见的目的不过是为你的遐想恪守许诺，尽管我认为它掩盖了不少遐想中倒愿意忽略的过去生活中的阴暗面。

　　我乘着马车经过一条条小道，一座座农舍，直奔埃克塞特，我希望能在那里看到大教堂。一个人已经尝到了寻找教堂的甜头后，每接近一个新的可能追求到的目标，便能给好奇心再增添一种特别可口的滋味。你可以搜集深刻的印象，但我认为这种过程绝对没有像寻找大教堂的过程那样惬意。逐一观赏优美的图画当然很好，但世界上的优美的图画多如牛毛，它们在记忆中纷至沓来，你推我搡，叫人心烦。大教堂的数目不多，但每一个的规模气派都不小，所以当它们以各自的威严浮现在心头时，便使一切比预谋的效果更为普通的印象相形见绌。大教堂确实形成了一个更加壮阔的图画的长廊，因为时光冲淡了对细节的记忆后，你仍然保持着那座恢弘的灰色建筑的一幅广阔图像，包括它的头与肩，它的内容和塔楼，它的色调、它的依然翠绿的院落。凡此种种，或许在一个人对英国神圣建筑群的感觉中显得尤为真实，因为只有这些神圣建筑，作为图画，才拥有一幅广阔而和谐的背景。教堂高耸入云，周围的庭院总是成了背景。埃克塞特并不在最宏伟的大教堂之列，但是和大大小小的教堂一样，它具有地方见识所偏袒的某些成分。确实，埃克塞特叫一个低矮、阴暗的正貌背叛了自己。这种正貌不仅减低了正厅明显的高度，而且当你朝东眺望时，它还遮掩了两座高贵的诺曼式塔楼。然而，尽管正貌形象猥琐，却得到两个秀丽的面目的弥补：一个是壮丽的玫瑰花窗，它那些巨大的石肋（包围着上世纪某种暗淡无光的玻璃）处理得复杂迷人，巧夺天工；另一个是雕刻的长屏饰——一种刻有人物形象的石带——横穿正面。那些圣徒、国王和主教的形态破损的小雕像沿着这堵古墙成排地安放在壁龛里，一个个形容漆黑、古怪、原始。当你带着远道而来的游客身份特有的无论什么样的脉脉温情来观察它们时，你就会想入非非，以为这些雕像经过沉思默想，意识到了它们自己的名字、经历及不幸；以为它们身为时光的敏感的受害者，感觉到失掉了鼻子、脚趾、冠冕；还以为当漫长的六月的黄昏最后变成更深的灰色，庭院的安静转变为更深的沉寂时，它们便开始从自己狭窄的藏身处侧目窥视，并用像它们的面容、姿势一样僵硬、率直的早期英语的某种古怪的形式交谈，活像一群围在收容所火炉旁的老贫民，抱怨着自己的病痛、损失和老朽的悲伤。两面耳堂的宏伟的方塔我觉得也有着同样的凄凉。在我的想象中，所有的建筑中没有任何东西比一座宽阔的诺曼石头工程更能表现苟延残喘的悲哀和听天由命的偷安。那石头工程马马虎虎地装饰着浅浅的浮雕短柱、圆拱以及几乎显得野蛮的斧凿工艺，耸立在和它沉闷的灰色表面非常和谐的英格兰的柔光中，那样一座诺曼式塔楼给人留下深刻印象的奥秘我不能无知妄说。这奥秘主要表现在建筑本身如此高傲、雄健的外观——仿佛石匠是由号角声激起的，而石头是由战斧劈直的——与这种古老散漫、听其自然、流于古怪的相映成趣。一座希腊式殿宇把一种新鲜的不朽保存在它强烈的高雅中；一座哥特式大教堂则把一种新鲜的不朽保存在它冒险的生气中；但一座诺曼式塔楼则仅仅像一名单纯的力大无穷的壮汉站在那里，横眉冷对一个要求力量必须狡诈的时代。

　　我来埃克塞特原本就打算游览一番北德文郡的海岸，那里对于铁路来说还是一片处女地，这就是它的基本优点。因此我按从前的方式坐在一辆驿车车顶上，从巴恩斯特珀尔到了伊尔弗勒科姆；而且，多亏我所坐的位置，我才可以尽情欣赏风景而不用管那两位坐在我面前的可敬的当地人，他们带着一种发自内心、但很能被人当作恶意的快乐，一起大声朗读《每日电讯报》上关于亚特兰大号全体船员遇难的生动得令人痛苦的报道。我记得，当时一篇关于英国力量英勇无畏的报纸报道竟然把我的旅伴的目光从德文郡峡谷草木葱茏的两侧移开，我觉得这好像就是一种不可战胜的英国实力的保证和象征。伊尔弗勒科姆小小的海滨游憩胜地便坐落在这样一个朝大海骤然下降的山谷下边的边缘上，夹在一对壮丽的海岬之间。这对海岬将它拥在一个坡坳里，让它安安全全地享受布列斯托尔海峡的爱抚。这个游憩胜地是同类的一个完美小标本，我想，在那里短暂的停留中，我对它的风俗习惯和社会风貌的关注与对它的峭壁、海滩和壮丽海岸风景上的关注不相上下。或许，从这一切事物中，我得出的主要结论就是：如果在我们大西洋沿岸有几个伊尔弗勒科姆，那么每年使许多美国家庭苦恼万分的可怕的"夏季问题"将不会那样气焰嚣张了；还有，英国人是追求田园生活同时又不愿舍弃舒适方便的艺术大师——这跟我们的国人不同，因为我们在寻求乡村消遣时，只会发现自己给大自然增添了一种新的粗暴。可能在伊尔弗勒科姆舒适方便的成分更多一些；因此，他们才显得如此殷实，如此好管闲事，讲求实际。在镇子的左边（举个例子）我提到的悬崖峭壁中有一座耸立在两座巨大的山峰中，向大海展示出一张近乎垂直的面孔，上上下下覆盖着一簇簇金色的金雀花和肥大的蕨草。你从饭店出来走不上五十米，便会看见五六个小指示牌，指给你一条通向崖顶的小径。你按照它们的指示来到一座小门楼前，那里陈列着待售的照片和当地各种各样的小玩意儿。一位十分受人尊敬的人物出现了，他要求交一个便士，钱一到手，便极有礼貌地允许你与大自然交流。然而，你却发现有形形色色的小小的力量对完美的交流怀有敌意。你还会遇到一块警示牌告诫你：如果你企图逃避交那神圣的一便士，便会受到法律追究。那条小径，尽管在悬崖上千回百转，却极其坚硬整洁，而且每隔十来米便有一些绝好的靠椅，上面用小刀和铅笔刻写着游客的姓名，不过恰巧都不是那些现在主要占据着靠椅的老处女们，凡此种种都平淡无趣，还没等陶醉于大自然的感觉变得强烈，你就不得不把它从整体印象中一笔勾销。尽管勾销，肯定还有很多剩余。我发现剩下的足以使我清新爽快一整天，因为英国的景致就像英国的其他大多数物品一样，经久耐用而且常用常新。悬崖极其壮丽，崖上光与影的变化是个需要永久研究的课题，而空气则是小山荒野的气息和大海气息的特殊混合。我攀登到最后，很高兴终于找到了一张很好的靠椅可以坐下来歇口气——因为在英格兰，一个人要在草地量量他的身长必须三思而后行；多亏那平坦的小路，不过一刻钟我又能回到饭店了。然而，我却突然想到，如果当时我是个英国人，而且在伦敦过了十个月的繁忙生活后想入非非，要去度度假，休息休息，变变环境，忘掉那沉重的社会负担，此时由伊尔弗勒科姆的小径、由那些指示牌、由那一便士的费用、由被老妇人和羊群搅乱的清静所组成的景象将减少我对度假需求的热情。我不知道完美到有益于身心健康的变化是否意味着某种更加荒僻、更加闲散、更加保持大自然的原貌的东西；而胸怀宽广的大自然正是疲惫不堪的精神所深情向往的归宿；我不知道这种变化是否意味着某种在离纽约和波士顿不近不远的地方可以得到的东西。我必须再补充一点，哪怕根据最充分的美学理由，我也不忍反对那美丽上乘的伊尔弗勒科姆旅店，在那里，我那些间或真正努力应付"到何处去"这一问题的读者们兴许会饶有兴趣地获悉，他们可以以每天十先令的花费舒舒服服地过寄宿生活。我在美国给饭店接待员的费用要多得多，得到的享受却少得多。我在这家旅店里尝到了岛国包饭这种奇异的时光果实。不过我得承认，由于信守游客"心里做事"的习惯，比起那些肉块和配菜来，那些谈话和面孔给我留下的印象更为清晰。我在这里注意到了我以前经常注意的东西（真相或许永远都认识不了），任何一个民族都没有英国人那样急于在暂时取消一种共同的社会法律中受益。包饭尽管还是某种异乎寻常的试验性的东西，可以说，显然造成了与所谓的民族特点完全背道而驰的结果。谈话处处都有——简直热闹非凡；关于这个岛国的"傲慢"的古老传说和嘲讽似乎看见它们的根据地崩溃了。在我们的时代，到底发生了什么样的社会、心理大动荡？

　　然而，与有关当地人叫作林顿的那个宜人的地方的记忆相比，这些记忆显得非常贫乏。我担心，当我宣称几乎任何一个想用来描绘林顿的辞令我觉得都是多么平庸时，我可能就像个专业的话匣子。众多的大山崖装点着整个海岸，一块块大沼泽沿着内地的天空涌起它们石南冠顶的浪头，紫茫茫的一片，从沼泽那里奔涌出一条宽阔的山流，穿过一条可爱的峡谷，那个小村庄就高踞在一座山崖的坡上，位于那条峡谷的边上。小村庄下面，在那条山流汇入大海的海滩附近是林茅斯这座姊妹村。这里——我站在横跨河流的桥上，眺望把脚伸进水中的古老的灰色小房的石头屋脊、地基，四处攀爬着的青翠的花园草木，然后又抬眼仰望那些矮橡和蕨草的一片嫩绿，仰望荆豆、金雀花和蕨草的色彩。这些花草爬满山坡，却让一个个山顶光秃秃地暴露在阳光下，活像一些微型山脉——我发现北海有一种不自然的蓝色，而下面的村庄则具有里维埃拉百村中任何一个所具有的优雅。林顿小小的城堡饭店是一个奉献给高级疗养的神圣地点——让你可以拿着一本书坐在露台式花园里，同时周围盛开着高贵的奇花异草，让你可以观赏大自然中最奇妙的色彩，小小的港口那边的大悬崖上的红红绿绿的亮光，光的明暗和难以名状的色调一整天都在不停地转换、变化与融合——这块地方是如此神圣，所以我觉得好像将它公之于众，对它而言是一件坏事而并非一件好事。其实，它是一个非常幽深、保险的清静去处，而且我从来都不知道还有哪里用钱买来的热情招待会带有一种比这更加冷漠的笑容。林顿当然是旅游的中心，然而我只能得空游览两三回。再没有比沿着峭壁的斜坡走上一座怪石嶙峋的高地更美的了。高地上的那些古怪的石墩和石峰使它赢得了"城堡"的美名。由于有海鸟栖息的坍塌的石塔和张口的洞室，它同一处封建时代的古老的废墟像得出奇。在这个季节里，夕照流连忘返，一直到午夜前两三个小时才肯离去；我记得在英国旅行入迷的时刻中最富有诗意的莫过于在这样的崖巅上度过几个晚上。这是传说中的仙居，伴随的是姗姗来迟的黑暗和海鸟那短促的尖叫。有一些地方它们本身的面目就是一个故事，一首歌曲，这种怪石嶙峋、奇峰突兀的如壁海岸，后面是岩石遍地的河谷，还有那令人望而生畏的峭壁底部（在那里峭壁分成一个个低矮的海洞，为奇形怪状的崖顶形成了一根根支柱和底座）不间断的海潮造成的郁闷的平静，叫人浮想联翩，感慨万端，也使人想起居斯塔夫·多雷 [①] 在巅峰时期的某幅画，那是对这个地方的

---

① 居斯塔夫·多雷（1833—1883），法国画家。

预见，使人在一块石头下寻找他的签名，或者，更胜一筹，为了寻求同感和解脱，重新吟诵丁尼生^①那些田园般的诗句。因为这些诗句在一个人困苦的过去中一再出现，而且似乎在倾诉一些情况，尽管从地理上讲，并不符合。

在北德文游览的最后一段，我乘车沿着剩下的一段美丽的海岸穿过萨默塞特富丽的田园景色，路途很长。一个人梦想在异国伴随着车夫鞭子发出的原始的乐声观赏的整幅壮阔的图景，我在这次令人羡慕的乘车旅程中见到了——微风习习的高地披着一簇簇暖洋洋的蓝褐色的欧石楠，好像穿着泛黄的丝绒斗篷。缓缓地弯到挤在一起的渔棚门前的小小的海湾，深邃的牧场和广阔的森林，茅草盖顶、格子棚架支撑的、似乎要获得怪异奖的村庄，从乌鸦出没的林荫道上面窥视的庄园屋顶。我应该特别提一下在萨默塞特的波洛克村中午度过的一个小时。比起别的地方，这里的茅草屋顶似乎更陡更重，农舍墙上的黄玫瑰和剥落的灰泥配合得更加巧妙，敞开的门里面，昏暗的内部更加古趣盎然；马匹休息时，我乘机在那座凉爽古老有木制尖塔、紫杉遮荫的小教堂中，在那庄园式高背长椅和一名十字军骑士还有他的恋人的残破的坟墓中间一面溜达，一面听着那位蓝眼睛的老教堂司事简单的闲言碎语，他指给我看当他还是穿着窄小的灯芯绒裤子的小男孩时，他就在那位躺着的恋人的胸口画上了他的名字。我觉得，这才真是古老的英格兰，而且觉得，再过

---

① 丁尼生（1809—1892），英国诗人，注重诗的形式完美，音韵和谐、辞藻华丽，被封为桂冠诗人。

一会儿我甚至会看见罗杰·德·柯弗利 ① 爵士从教堂的走道阔步走来。当然，要将一切都原原本本记录下来，我还需要艾迪生先生那样的生花妙笔。

---

① 英国 18 世纪作家艾迪生（1672—1719）和斯梯尔（1672—1729）主办的《旁观者》报文章中的虚构人物，为当时理想化的乡绅的典型。

韦尔斯和索尔兹伯里

生活中最愉快的事情无疑是你在不经意中发现愉快——即便我在不经意中来到了韦尔斯，但这种愉快还是得力于一种对见闻的轻浮需求。我大体上知道这座古老的小镇有一座宏伟的大教堂可供人参观，却万万没有料到等待我的印象会如此强烈。火车驶过大教堂塔楼脚下的鳞次栉比的房屋，你从火车上望见塔楼时它们那种气冲霄汉、威震四方的声势确实向你暗示了教堂的特征，使人想到要不是因为得以圣化，这座城市就一文不值；然而我只能希望游客最好像我自己一样孤陋寡闻，在傍晚时分出来闲逛，让自己享受一小时发现的乐趣。我被挡在大教堂草地的边上，三个摇摇欲坠的小隐修院门楼把草地圈了起来，我只能从其中的一个下面穿过去，走过一大片椭圆形草坪，便站在一座在英国名列前三四名的大教堂前面。韦尔大教堂极其幸运，因为人们可通过这片宽阔平坦的绿草地靠近它，在这片绿草地上，参观的人可以来回溜达，把视角转换到心满意足的地方。毫不犹豫地利用自己这种求全责备的特权的参观者确实会说它过于茕茕孑立，算不上是完美如画的景致——与它向上天恳求的人间家居的凡俗建筑过于雷同。然而韦尔斯实际上并不是一座以一个大教堂为主要特征的城市；它倒是一座在底部聚集了一座小城市的大教堂，这座城市顶多构成了大教堂宽广的院子的延伸部分。你随处都能感觉到那座美丽教堂的存在；这地方似乎总是弥漫着礼拜天下午的气氛；而且你认为每一座屋子都租给了教士、受俸牧师或是唱诗班的领唱者，而"后屋"则提供给唱诗班男童和教堂司事。

大教堂宏伟的正面之所以引人注目，与其说是因为它的宽广宏大，不如说是由于它的精巧雅致。正面由两座大截顶塔构成，两塔中间夹着一条宽阔的中央过梁，过梁上面除了雕像连成的丰富多彩的回纹图案外，还有三扇狭窄的花棂窗。广阔的正面上的雕像群是这座大教堂的骄傲。雕像的数量，把两座塔侧面的雕像也算上，不少于三百；所以似乎是用凿子凿成的密密麻麻的刺绣。这些雕像沿着六根大竖直门柱，安置在一系列壁龛里；几扇中央窗以狭小一些的门柱为框，被隔离开来，窗子上面的墙壁向上升起，形成了一面尖顶屏饰，两排壮丽的横条从中穿过。附加在横条上的是一条刻满图像、结构紧凑的飞檐，其走向与侧廊的顶点和塔楼两旁的补饰相对应，而且你还会看到一个庞大的雕像群，它们按古怪的神学顺序依次排列、完整齐全、令人难忘。许多位置很高的小雕像都已残缺不全，不少神龛都已空无一物，然而时光的伤害却不足以减弱这座建筑的庄重宁静。时光的伤害其实正在得到积极的修复，因为正面有一部分已被纤细的脚手架遮住了。支架和平台都是最脆弱的结构，事实上它们看上去只打算帮助干点像给容貌受损的大主教们安装安装鼻子，给那些被几百年的时光搅得心烦意乱的古板的女王们重新整理整理斗篷褶子这样一些不重的活儿。在我的心目中，韦尔斯大教堂主要的美并不在于它多多少少能看得见的丰富的细节，而在于它奇特迷人的色调。从顶到底都是清一色的均匀素淡的鼠灰色，没有一个地方加深到真正浪漫的哥特式建筑那种忧郁的黑色，但也没有任何翻新后出现的花花搭搭的光彩。这两座巨塔从它们崇高的望楼望去，绝对看不见一根工厂的烟囱——那些屡屡破坏着英国最柔和的天际魅力的直冲云霄的尖塔。不知是什么原因，韦尔斯总的气氛在我看来是出奇的靓丽温馨，这却是一个神奇的事实。大教堂从来没有由于一座城市独立的凡俗生活而被那种乌烟瘴气的道德污染得变了颜色。当你从大教堂的大门口转过身子，扫一眼前面空旷的草地时，会看到草地的边缘是淡灰色的。17世纪的教长的宅邸和别的住所，几乎同样宏伟庄重，似乎从它们舒适的正面反映出教堂深受敬重，然后你又举目注视着那美丽的色彩鲜明的大建筑，你会以为它与其说是一座满足人的需要的神殿，不如说是人类骄傲的丰碑——与其说是一个为羊群建造的羊圈，还不如说是为牧羊人建筑的场所；那是一个有形的象征，表明除了形形色色、实实在在的神座之外，近处总有一"整排"有坐垫的大教堂牧师坐席。大教堂的里边，这种印象并未消减。大教堂内部宽广庄严，但缺乏附属建筑——纪念碑、坟墓和私人祈祷处等这类建筑——而且由于灯光过于灿烂而缺乏有别于严格的建筑学情趣的那种别致情趣。要是从建筑角度讲，我相信，它是极为重要的。就我而言，我想到的只是我在一个炎热的星期天下午做礼拜期间从我在歌坛的位置上看到的它的情况。那位大主教面朝向我正襟危坐在一个庄严的哥特式壁龛里，身着佩有深红色的胸前饰带、有细麻布的袖子的法衣，手戴淡紫色的手套；教士们按着他们的等级，仍依别的神职人员的惯例，舒适地斜倚在精雕细刻的坐席上，而稀稀拉拉的会众则坐在宽敞的走道边上。会众尽管人数寥寥，但都是精心挑选出来的；他们无一例外地都穿着黑色外套，戴着无边呢帽和手套。总之，他们身上强烈地散发出英国人头戴礼拜日呢帽，身穿海狸皮外套时所表现出的那种势不可挡的斯文，而且这种文雅使我——仅仅作为一个品味各种刻意制造的滋味的人——内心充满了一种一往情深、触景而发的回忆，回想起人们看见跪在意大利教堂里的一帮帮虎虎有生气的穿着破衣烂衫的人。但即便在这里，作为各种滋味的品味人，我找到了我的解释。在英国，如果你信心十足地投入接踵而来的事变中，你总会找到解释的。在我的面前，在我的身旁，坐着一排眉清目秀的年轻人，个个身着黑袍，肩头披着饰以白色皮毛的长披肩。他们是谁，是干什么的，我不得而知，因为我也不愿意打听，以免碰巧他们不像看上去的那样具有中世纪的风韵。

我的遐想从那片叫作"教区牧师的庭院"的小院落的古色古香中找到了更好的解释。这个小院落直接与大教堂绿地毗邻，那些古老坚固的门楼构成了韦尔斯的教会陈设中一个非常引人注目的因素。你可从一个门楼下进入这个小院落。它由一个狭窄的长方形庭院组成，庭院两边各有十三幢小住所，顶头是一座破落不堪的小礼拜堂。以前这里居住着一群小神职人员，这是 13 世纪的建制，要他们替那些教士干助理牧师的工作。这些小房子现在都非常现代化，但它们还保留着高高的烟囱以及正面上雕刻的匾牌，还保留着它们古趣盎然的小巧与整洁，以及修道院单人小房间所具有的一种神圣的气氛。这地方属于另一个世界，另一个时代，令人神往，并且，当我踏着初来的暮色走近它时，在它那夸张的景观中，我觉得看上去像是舞台上所展现出来的那些传统的街道中的一条，从它那虚设的远景里，浪漫喜剧中的主人公和知己臂挽着臂大摇大摆地走过来，和那倚在二楼窗口上的女主人公谈情说爱。尽管这教区牧师的庭院是个奇特透顶的存在，但韦尔斯的骄傲还是它的主教宅。这邸宅并没有因为被人在柔和的暮色中初次看见或者叫人漫不经心地接近而失去什么。要走到它那里（除非你通过那些回廊从大教堂里面走），你得通过另一座古门楼走出绿地，进入集市广场，然后再从那里通过它自己奇特的大门又走回来。我只望了它第一眼，就有一种"剧情突变"的快乐。在那道黑暗的拱门里边，我看到一个围场，既被树木的阴影遮暗，又被水的闪光映亮。这景色确实名不虚传。它的主要特色就是主教邸宅所在的那个灰墙包围的小岛，它从一道宽阔清澈的护城河中间以封建时代的式样拔地而起，两侧圆塔耸立，可以通过一座专用的吊桥到达。护城河的外侧，在一排别开生面、长势不良的榆树下面是一条短短的小道；成群的天鹅和鸭子在水中嬉戏，使那些从主教花园里爬出来的攀缘植物和安置在古城垛之上的一簇簇桂竹香投在水中的明亮的影子轻轻荡漾。我来参观的那个夜晚，在邸宅后面一大片坡地上，一些翻晒干草的工人正在干活，昏暗的空气中，散乱的青草所散发出来的馨香似乎想把这景色永远印在记忆里。护城河的那边，灰墙里面，住着主教大人，他们住所在同级别的人中是最豪华的。这邸宅建成于13世纪，然而，它尽管是座雄伟堂皇的住所，但在自己的领地上仅占一个次要的地位。这块领地的一大点缀，从景观上说，则是一座大宴会厅的巨大废墟。这个宴会厅是由一位中世纪讲究吃喝玩乐的大主教修建的，在宗教改革时期多少遭到一些破坏。由于它的塔楼依然完好无损，窗户造型十分美观，悬挂着英国气候编织得如此结实的绿色挂毯，因此它成了一处值得深锁在一堵雉堞式围墙后的遗迹。除了这条护城河环绕的邸宅的画面之外，在我对于韦尔斯的印象中，还有五六种浪漫的记忆，但由于篇幅不足，无法将它们一一转录于此。最清晰的也许就是美丽的圣库思伯特教堂留下的印象了，它和大教堂是同一时期修建的，而且在很大程度上同属早期英国哥特式那种优雅、温和的风格。它有一座高耸入云的塔楼，萨默塞特郡正因为有这些高塔而闻名遐迩。你坐火车经过那些简直是头重脚轻的小村庄时，透过车窗就可以看到高塔耸立的景象。这座美丽古老的教堂，四周是绿色的墓地，并且大得足以给人留下深刻印象，但又不是太大（我觉得，这是一大优点），容易叫可悲的不懂建筑艺术的眼睛一览无余，因此它带有一种英国本土的表现方式，前景上的几个卑微形象给它增添了分量。教堂墓地边上是一幢有矮山墙的房子，前面有四位老人正在薄暮中闲聊。房子正面嵌进去的一个古老的石制凹室，分作三个又浅又小的座位，其中两个已为两个奇特的老朽标本占据。这两个穷老头子中，有一个脑门特大，向外突出，带着一种幽思的神色坐着，脑袋痛苦地紧缩在扭曲的肩膀上，双腿交叉搭在丁字形拐杖上。另外一个面孔红扑扑的，眼睛却烂糟糟的，犹如涂抹了鼻烟一般，甚是可怕。他们的声音极其微弱衰老，所以我几乎听不清他们说些什么，当我问及他们是谁，干些什么时，我只能勉强听明白他们的回答——"我们这里是斯蒂尔救济院，先生"。

韦尔斯的主要名胜古迹之一（到那里只有五英里）就数著名的格拉斯顿伯里修道院的废墟了。这座修道院，用我们今天的话说，被亨利八世好好收拾了一顿。古代建筑物的辉煌虽然保存下来，但已是支离破碎，而且处于一种不甚调和的影响之下。我走在大街上经过这座小镇的牲口市场，所以牲口蹄子和皮毛的味道似乎伴随我穿过了由那些古老的圆拱和方柱组成的并不复杂的迷宫。这些东西占据了一个很大的后院，紧靠在大街后面，你要进去，就必须老老实实地得到一位少妇的允许，因为她在守门、卖票。然而，传统的延续并没有被完全打断，因为格拉斯顿伯里的那条小街道仍颇具昔日的风貌，至少有一座房子肯定看见过最后一位修道院院长骑着他的骡子外出的情景。那家小客栈极具个性，当我在它那低矮黑暗的拱门下等待公共马车（可能有点像我有一次在考文垂等火车时的心情），并看着那位酒吧女侍在那间笨头笨脑的厨房里进进出出，在那些懒洋洋的、鉴定马驹、牛犊与酒吧女招待的年轻人中间忙碌的时候，我可以想象都铎王朝时期快活的英格兰并没有完全远去。如果现在的英格兰也拥有许多格拉斯顿伯里修道院那样的修道院，那肯定也是一个美丽的英格兰。诸如柱子、门窗之类的遗迹个个都设计奇特，做工精细。门道的边饰丰富多彩——装饰往往层层叠叠，因为芳草野花给古花窗棂增添了瑰伟靓丽的图案，而且在繁花争奇斗妍之时，石工的灰色愈显深沉。生长在英国废墟中间的万千鲜花应值得另辟专章描述。作为一个观赏者，我只感到它们给了我无限的满足，因而欠了它们的情，但我远非一位植物学家，所以难以如数酬报。在英格兰，我往往觉得关于建筑的最纯粹的乐趣在伟大建筑物的废墟中才能找到。面对一幢完美的建筑物，一个人很难确信这种印象是纯粹的建筑方面的：它多多少少充满了诗情画意和浪漫情调；它半靠联想，半靠形形色色的附件和细节，不管这些东西与建筑观念营造得多么和谐，但它们终归不是建筑实质和精神的组成部分。然而只要结构美是直线与曲线的美，是规模与体积的平衡和协调，我就很少像在某个破败的教堂的绿草萋萋的中殿上，在野花就是飞檐、浮云就是屋顶的孤零零的柱子和空荡荡的窗子前，玩味得那样深。这些艺术品在为我们服务时当然是齐心协力的。这些古老的格拉斯顿伯里遗迹以它们破碎的雄辩使我想起了世界上又一个伟大遗迹——列奥纳多·达·芬奇的《最后的晚餐》。一道美丽的影子就是以上两种情形遗留下来的一切，但那影子却是艺术家的灵魂。

我辞别韦尔斯后就去拜谒索尔兹伯里大教堂，它是一座与韦尔斯全然相反的废墟，在那里，你可以获得乐趣，但理由与我刚才试图阐明的截然不同。　由于有它那形状优美的尖塔，它也许是世界上最负盛名的典型的教堂；但那尖塔的美简单明了，一目了然，所以当你满怀崇敬之心对它作一番记述时，你却做好了美学分析的准备。以前我看见过它，而且由衷地赞赏过它，也许我该让我的赞赏之情休息才好。我承认，在反复审视当中，我觉得既然我正在说法语，它似乎变得极少 banal① 或者甚至极少 bête②，所以我开始考虑它是否与贝尔维迪宫③的阿波罗或美第奇家族④的维纳斯同属一个艺术范畴。我倒想，如果我一定要生活在看得见大教堂的地方，每天来来往往时必须碰见它，我将对埃克塞特大教堂粗糙的黑色正面不会像对索尔兹伯里大教堂温馨的完美那样厌倦。有些人，由于性情使然，容易迷恋赏心悦目的美色，索尔兹伯里大教堂的效果在建筑学上相当于面相上的淡黄色头发和蓝眼睛的效果。索尔兹伯里别的主要名胜古迹有悬石坛⑤和威尔顿山庄，旧地重游，兴趣仍然未减。悬石坛是人们争相拜谒的圣坛。我上一次前去参观的时候，一伙野餐客正在那可怕的坛址上喝啤酒祭奠。然而那个地方巨大的神秘并没有被人看得发窘；由于这一次没有什么野餐客，所以只剩下我们尽情品味它所有的暧昧和强烈。悬石坛在历史上茕茕孑

---

① 法语：平庸。
② 法语：愚蠢。
③ 梵蒂冈艺术珍品收藏馆。
④ 意大利佛罗伦萨 15—17 世纪的统治家族，对文艺保护贡献卓著。
⑤ 英国南部索尔兹伯里附近的一处史前巨石建筑遗址。

立，就像它在这大平原上的处境一样，大平原多彩的绿浪离它滚滚而去，似乎象征着漫长的世纪的消退，令人惊讶的是，它就这样被漫长的岁月不明不白地扔下了。当这些粗砍而成的巨人俯首蹙额观照它们倒下的同伴时，你可以向它们提出数以百计的问题；然而你的好奇心会倒毙在笼罩着它们的浩瀚的阳光灿烂的寂静中，而且这处奇异古怪的遗迹，连同它无言的记忆，仅仅成为一个图画之国里一幅激动人心的图画。悬石坛确实是难以捉摸，高深莫测。远远望去，你看见它屹立在平原一个浅浅的谷地上，看上去几乎不比一个草地滚木球场上的一组滚柱大多少。我可以想象一个夏日，成天静坐着观看它的影子由长变短又由短变长，拿宇宙的持久和个人经历的短暂做一番有滋有味的对比是一种什么样的感受。悬石坛里有种几乎能使人心神恬然的东西；如果你愿意认为人生有一个薄薄的表面，认为我们很快就会掌握事物的根本，那么，这些古老的灰色石柱便可以为你展示出历史大厦下面那些无路的地穴。索尔兹伯里确实古迹丰富。威尔顿山庄是几代彭布鲁克伯爵的一所古老别致的住宅，收藏着一批贵重的希腊和罗马大理石雕刻。这些雕刻摆放在一个占据着山庄中央迷人回廊的四周，山庄向游人自由开放。一系列的客厅开向回廊，客厅里挂着一家人的肖像，主要是凡·戴克的手笔，都是价值连城之作。其中最卓越的，堪称凡·戴克杰作的是詹姆士一世时期彭布鲁克家族精华荟萃的全家福。这幅杰作集绘画的长处于一身——构图，色彩，高雅，力度和完整。直到此时此刻，我一直都在纳闷成为一幅最卓越的肖像应具备什么条件，因为它肯定是世界上最具雄心的作品之一，但仍是枉费心机。从特点上讲，如果说它在某种一丝不苟的真实中有所欠缺，那么它在自己处境的华贵和尊严中又得以恢复，这处境就是它从来没有离开作者曾经逗留和创作过的堂皇的住宅，它的高贵的原型的后代又对它非常熟悉。

英国的复活节

I

　　说到英国人，就像一位观众在看谢里丹的闹剧《批评家》排演时说到剧中的军事会议那样：他们真要一致同意，大家能众口一词还真是个奇迹。眼下，关于俄国的阴谋诡计，土耳其的玩忽职守，亚瑟·图思牧师的功绩，亨利·欧文①先生的天才，还有其他很多问题，他们就众说纷纭，莫衷一是；然而，无论是眼下，还是其他任何时候，在遵循体面盖章认可的社会礼仪上，他们则毫不含糊。英国是个古怪异常的国家，这跟她在外国观察者眼里十分有趣有很大关系。民族性格、个人性格都非常积极、非常独立，根据自己的思想感情兼容并包，非常容易养成惊人的怪僻；而同时它又有追风随俗的超常天赋。我估计，在别的任何国家，你绝对不会发现那么多的人在同样的时间，用同样的方式做同样的事情——使用同样的

_____

　　① 亨利·欧文（1838—1905），英国演员，曾在三百多部戏中担任过四百个角色，成为第一个获爵士称号的演员。

俚语，戴着同样的帽子，系着同样的领带，收藏同样的瓷盘，进行同样的草地网球或马球比赛，赞赏同样的职业美。如果外国的观察者没有意识到表演者身上的这种动作自由奔放的潜在能力，那么这种千篇一律的场面会很快使人感到压抑。英国人怎么把传统的个人褊狭与这种对习俗的永久尊重协调起来，他心里纳闷的同时又感到其乐无穷。当然，在所有的文明社会里，总是要尊重习俗的，如果这种情况在美国不像别的地方那么明显，我想原因并不是因为个人的独立精神更为强大，而是因为习俗的确立比较薄弱。哪里有了约定俗成的习惯，人们自然就会遵从。然而，如果美国生活中有一个确定的惯例，英国生活中就有五十个。其中的奥秘，我还远远没有发现；至于英国性格中那种被社会顺从所压缩、堵塞住的爆炸性的个人力量情况如何，我还一点也不明了。我看到这种顺从精神的某些表现，不由得肃然起敬，然而下面骚动着的个人习性我是看不见的。在外国人眼里，英国习惯势力的最触目的事例自然是全民去教堂做礼拜了。英国人礼拜天早晨吃完茶点，站起身来，戴好帽子，戴上手套，臂上挽着妻子，前有子女开路，这样，为了体面，为了面子，为了礼数，向国家指定的礼拜场所走去，进去以后，就重复他们并不敬重的一种老套的教义，听着他们公开抱怨、嫌其过长的布道。在这种现象里——在这种表现里，在一个外邦人看来，有一种给人印象极其深刻的东西，有一种他简直不知道应当说是气势磅礴还是无聊透顶的东西。总的来讲，他倒想说这种场面非常崇高。因为它给了他这么一种感觉：每当一个以这种演习训练过的民族觉得有必要在同一个命令下共同行动时，他们就一定有能力以万众一心之势、雷霆万钧之力这么做。关于普鲁士军事体制在团结德意志人民，调动他们为某一目的效力方面起到的作用，我们常有耳闻；但是如果说英国人守礼拜日表现出的那种军人的准时作风也应当同样受到赞赏，我以为这绝对不是异想天开。一个经受过这种磨炼的国家，必然打上了这种印记。如同德国部队的情况一样，在这里，举国上下莫不如此。我刚才说到男性家长及其随从，我并不是说只有他才有这种表现。年轻的未婚男子也上教堂，他们是快乐的单身汉，是不负责任的社会成员。（最后这个形容词必须打一点折扣。在英国还没有一个地地道道的不负责任的人；这也许是表达一个外国人，肯定是一个美国人，关于他们团结一致的感受的最简洁的方式。人人自由自在，个个都要负责。要说人们对什么负责，当然就把问题大大拓宽了：简要地说，要对社会期望负责，要对体面负责，要对道德负责，要对"地位"负责，要对传统的英国良心负责，这毕竟是一种极其有力的因素。在我们那里，责任就不知少到哪里去了，不过我想，自由也要少一些。）

富华阶层做出了榜样，不大富华的阶层也就得仿效，这种情况在比上教堂做礼拜还要细小的事情上也看得出来，还表现在似乎琐碎得不值一提的难以胜数的事情上。然而，如果一个人注意观察的话，根本就没有琐碎的事情。我不妨以吃早餐时不准仆人入内这一种惯常做法为例。这是时尚，因此在英国上下左右、南北东西，谁只要有极微小的权力站得高一点，能够感受到社会风向，谁就得服从它。对于就餐的人来说，这种做法不方便、不自然、挺麻烦，它要人不断地弯身子、伸胳膊，又要人经常等候，不时走动，它恰恰有英国历史上已经做出了一切重大举措进行对抗的那种弊端——这种做法太武断。尽管如此，它还是非常风行，而所有的斯文人士，以不要命的斯文态度彼此盯着对方的眼睛，就是为了斯文也要同心协力忍受这种做法。我举的例子也许显得软弱无力，不过我还可以举出另外一些例子来，它们是庞大的相沿成习的风俗体系的组成部分，而一个社会无论从气质上讲，还是从教育上说，在最大程度上具有个人"不可让与"的权利和舒适这种意识，却极力让自己适应这种风俗。我说我还可以举出另外一些例子来时，我是诚心诚意地说的。我并不是说英国的习俗总是令人不舒服，总是武断。恰恰相反，这是一种一开始使人觉得十分机械的传统，有人从这么一种刻板的传统中发现了存在于英国民族的历史"良知"中的一种理性，而基于这种发现的感觉（最宜人的一种），外国人很少有不熟悉的。这种感觉是屡见不鲜的，不过我这么说并不意味着：这种冒昧的假定就像表面看起来的那样是把矛头指向英国社会的种种习俗的。譬如说，它不一定就是针对我写这些话时心里特别想说到的那种习俗。伦敦的外国人事先就被告知，复活节时人们倾城而出，如果他无意叫人扔在那里听天由命，让普遍的恐怖引诱、惊吓他的好奇心，那他还是也做一点安排，暂时离开为好。必须承认，大批人这样急匆匆地再次迁徙，还真有点出乎意料，因为就在一个礼拜前，他们显然还在集中精力安顿下来度过这个季节呢。他们有一半人最近才从乡下回来，因为他们一直在那里过冬，不妨认为，他们刚刚有空来收束一下城市生活散开的线头。可是没过多久，这些线头又扔下了，社交界又四零五散，仿佛它一抬腿就迈错了脚步似的。他们在复活节前的一周临结束时离开，随后的十天就不在家里待。至于去哪儿，那是他们自己的事情：很多人去了巴黎。上个冬天我正好在那个城市，我记得复活节星期一一觉醒来，向窗外一望，发现怎么一夜之间满街像下了一场雪似的，密密麻麻全是刚来的不列颠人。他们一来，这一个星期别人的日子就不大好过了。在餐馆里常用的桌子，在法兰西剧院常坐的座位，在马车站常乘的马车，很容易遭受到别人捷足先登之苦。我相信，今年光顾巴黎的人数跟往年不相上下；你可以放心，那些不跨过英吉利海峡的人绝不是没有接到去乡下清静的老地方的邀请的，因为在那里，浅淡鲜嫩的报春花开始把黑沉沉的草皮照亮，光秃秃的树丛上的紫色花朵也开始零零星星地点缀在那片青翠上。在英国，乡村生活是奖章的正面，城镇生活则是其反面，而离开伦敦的时候一来，在法国人所谓的"悠闲阶级"中，几乎没有哪个人没有一大堆沉闷、潮湿青翠的去处可挑选的。我称这些去处沉闷，我想这并非平白无故，不过在我说到的这个时候它们的沉闷一定被连续不断的凛冽张狂的东风缓解了。即便是在温馨的英国乡村家宅里，复活节期间也是一个天气阴冷、气氛尖酸的阶段——这会儿冬天明目张胆的敌视情绪最终只得认输，但它又转变成了一股难消的怨气。这就是使"悠闲"人士出门到寒风横扫的草地和令人瑟缩的猎苑去的活动，就像刚才我说的，变得武断的原因之所在。然而，对一个美国人来说，最令人触目的却是英国节日的频繁，以及那种借口"换换环境"而大张旗鼓的做法。凡此种种，给美国人提到了三件他们司空见惯的较为紧缺的东西。英国人的时间比我们多，英国人的钱比我们多，英国人积极消闲的品位比我们高得多。悠闲、富有、热爱体育运动，这些都是在英国社会里随处可见的乐事。议会开会离复活节只有短短几个星期，然而从议会追求奢华舒适的观点来看，十天的休会期已经必不可少。再过不久，我们又要过圣灵降临节了，我听说，这个节令比复活节还要热闹，从这个时候，直到仲夏，等到事事停顿下来，就是一段轻松的行程。买卖人和专业人员同样参与这些令人欣喜的娱乐。有一位女士的丈夫是一名活跃的律师，我饶有兴趣地听她说，尽管她丈夫要带她外出玩十天，尽管复活节是一次非常惬意的"小憩"，其实他们玩得更开心的还是尔后的节日，这个节日将在五月末到来。我认为这很有可能，而且对他们平生的那种春风得意、五光十色的感受十分艳羡。如果我这种说法听起来有点儿讽刺意味，那纯属偶然。对假日有一种浓厚的兴趣，不仅有度假的能力，而且知道该怎么度假，这是一个健全的民族的标志，按这种尺度来衡量，我们美国人都是些可悲的门外汉。我们度假往往是去欧洲，而在欧洲，我们享受的特权有时候却成了引人注目的沉重负担。英国人的勤奋是人们公认的，然而（我们自己的态度则无需恭维），我必须补充的一点是，对于我刚才说到的那些悠闲阶级来说，事情确实优哉游哉。无论在什么时候、什么季节，有空专门从事社交的人数比我们的不知道要多多少倍；人们总是精心安排，不致使人闲得发慌，在这一点上，美国还处在文明的初级阶段呢。在牛津灰绿色的回廊里为人生严峻的现实做准备的年轻人两学期只需学习半年；而伊顿和哈罗的面色红润的小板球手却在父母家里闲散了好几个月，时间长得叫人难受。好在父母家里也往往是个有花园、草坪和猎苑的所在。

Ⅱ

在伦敦，受难周分明是一个苦行期，有一种真正的悲痛酸苦的样子。个人的行乐活动暂时停止了，绝大多数剧院和音乐厅都关了门；这座巨大昏暗的城市似乎呈现出一种更加悲伤的色彩，一种半心半意的肃静悄然掩盖了它响彻云霄的喧闹。在这种时刻，对一个外邦人来说，伦敦没有什么欢乐可言。过去的那个冬天，大约在圣诞节期间，一到伦敦，我就一连碰上了三个英国式的礼拜天——见到这种景象，哪怕是英雄虎胆，也难免毛骨悚然。如果我没有记错的话，一个礼拜天、"一个法定假日"，和一个圣诞节凑在一起，产生了一幅我所提到的凶象。我想，我当时肯定对这种咄咄逼人的现象流露出某种疑惧，因为我记得有人用一种安慰的口气叫我不必害怕；这种情况是不会有第二回的。人们跟女洗衣工的关系令人惊讶地中断了，这时候我才得知这种情况。而这种中断则是这一阶段的明显特色。我听说所有的女洗衣工都烂醉如泥，而且由于还需要一段时间才能醒过来，因此我万万不可指望会有"新玩意儿"接替。我不会忘记这番话给我留下的印象；当时我刚从巴黎来，一听这话，我简直想转身就走。在后面这座城市生活，附带的好处之一就是每到星期六的晚上，一位迷人的少妇来敲我的门，她胳膊上挎一个大篮子，篮子上罩一条雪白的小毛巾，头上戴一顶有褶饰的麦斯林纱帽子，这本身就是对她手艺的一种不可抵挡的广告。要说我那位令人钦佩的 blanchisseuse① 不醉酒，把这话当作一种恭维，那也未免太粗俗了；不过对她那红红的脸蛋儿，她那坦诚而富于表情的眼神，她那会说话的笑容，她那迷人的帽子平稳地戴在她那浓密的鬏发上的那副样子和做工精细的衣服穿在身上的风度，我是满怀感激之情的。我和她交谈过，我是可以和她交谈的；她一边谈，一边走来走去，轻松愉快地把她洗过的衣物摆放整齐。然后，说话之间，她那轻盈的脚步又把她带到门口，露出一抹更加灿烂的笑容，说一声"再见，先生"就顺手把门关上，留下你去思索：世俗的偏见多么愚蠢，而一名洗衣女工可能是个多么富有诗意的人儿。十二月的伦敦，雨雪交加，大雾迷蒙，白茫茫一片，在这幅凄凉的背景上，又给我展示出这样一幅景象：一个头戴烟熏黑软帽的可怕的老太婆在一摊威士忌酒中趴着！她似乎具有一种象征意义，差点儿把我吓跑。

这件小事无疑不能褒扬我的坚忍，我之所以提及它，是因为我发现它给我提供的信息并不是准确无误的，过了三个月，我又面临

---

① 法语：洗衣女工。

着一连串的伦敦礼拜日。不过，这一回，再没有出现启发我刚才勾画过的那种可怕意象的事情，尽管我花了不少时间观察下层社会的生活习俗。从受难节一直到复活节礼拜一，这些习俗表现得淋漓尽致，要对英国民众产生一种印象，这是一个绝好的机会。上流人物都隐退到背景上去了，在西区，所有的窗帘都拉了下来；街上没有马车，衣冠楚楚的行人也非常稀少。然而"群众"却倾巢而出，尽情欢度他们的节日，于是我便到处逛逛，看看他们玩乐的场面。天公是最不作美的，就是搞一次英国"郊游"，少不了还要淋一阵雨，而在这个烟雾弥漫、茫茫无边的城市里，在变幻莫测的阴沉沉的天幕下，攒动的人群却以一种不怕风吹雨淋的执拗在闲逛。公园里人山人海，车站里游人如潮，泰晤士河堤上铺天盖地。我想，"群众"通常倒是一种赏心悦目的景观，哪怕你透过伦敦恶劣的天气这一有变形作用的媒质观察也罢。的确，自成一格的东西很少有比昏暗的伦敦假日更令人难忘的了，它给人展示出不可胜数的有趣且相互联系的反映。即便从表面上看，这个帝国的首都也是最富有魅力的城市之一，也许正是这样一种场合，我才最能感受到它的魅力。伦敦丑陋、昏暗、沉闷，比其他任何一座欧洲城市更缺乏优美、装饰性的事物；即便就是在我说到的这些节日里，人民大众还是在某些地点挤得水泄不通，而许多街道上则阒无人迹，这就使你发现他们缺乏内在的魅力。一个圣诞节或者一个受难节便把伦敦的丑陋暴露无遗。你沿街走去，由于没有别的行人可看，你就只好抬头仰望那些棕色的砖墙，它们受到烟雾的腐蚀，被直撅撅的窗户戳开了一个个窟窿，最后用一条活像一片路缘石似的小黑线收束，就算是飞檐。没有一点附带的装饰，没有一丝建筑学的想象，连一丁点可以称作美的东西也没有。我如果是个异族人，这种景象就会叫我发疯。由于仍然是个盎格鲁-撒克逊种，我反而从它身上发现了萨克雷在贝克街所发现的东西——一种令人愉快的英国家庭美德的证据，英国家庭神圣的证据。这些有教育意义的丰碑绵延多少英里，好像一个由这些建筑构成的城市就不该有我刚才提及的那种宏伟的效果似的。然而，伦敦并不是由这样的建筑构成的，它有着更加庄严的建筑组合，何况它的印象并不依赖细节。尽管细节不尽如人意，但伦敦还是风景如画——它那绿沉沉、雾蒙蒙的公园，天光从它那乌云顶篷上渗漏下来的样子，景物一开始远去，就在那样一种气氛中披上的柔和富丽的色调。没有一个地方有这样的光与影的交融，有那种阳光与烟雾的争斗，有那样空灵的转化和混沌。对于迷恋于那种光照的眼睛来说，这是一种不间断的娱乐，而且这只不过是其中的一部分而已。形成该地效果全貌的则是它对感受的吸引力，那是以千百种方式形成的，但首先是块头硕大无朋。在任何一个特定的地点，伦敦都看上去宏大无比；即便在狭窄的街头巷尾，你也能感受到一种宏大，小地方由于是这种巨大的整体的一部分，反而更令人神往。再没有一个地方聚集着如此稠密的生命，再没有一个地方能给你如此多的启发。这一切并不都属于一种令人振奋的类型，远远不是。然而它们中间，各种类型应有尽有，那就是伦敦的趣味之所在。那些在阵雨时断时续的复活节期间最有气势的肯定是一些更令人迷惘、更令人消沉的类型，然而，即便在这些类型中也混杂着一种更加靓丽的情调。

受难节的下午，我一路向威斯敏斯特教堂走去——从皮卡迪利穿过格林公园，再穿过圣詹姆斯公园。公园里游人如织——老年人在小路上蹒跚而行，黑不溜秋的穷小孩爬在阴湿的草皮上。我走到威斯敏斯特教堂时，发现入口处已经挤了一堆人，然而我还是挤过去走到门槛儿上。再往里挤就不可能了，而且我不妨补充一句，也没有什么意思。我刚把鼻子探进教堂，立即又缩了回来。人挤得水泄不通，哥特式拱门下的气味并不是香烟缭绕的气味。我逐渐放弃了进去的念头，感到有点儿失望，在伦敦，一个人被挤出一个地方时，他就会感到这样的失望。这是一种常见的哲学表现形式，因为你很快就得知，说得自私一点，人太多了。人命如同草芥，你的同类数量太大。你走到哪里，都会有这样的看法。剧院里，音乐会上，展览馆里，招待会上，你总是人还没到，就发现已经人满为患了。无论在哪儿发现一个位置，你都会贴得紧紧的。你的同伴和对手未免太多。你觉得自己有时候有藐视人格的危险，可以说数量吞没了质量，而且总有一种与别人摩肩接踵的感觉，从而产生了一种对荒野的向往。正因为如此，在英国，奢华的极致就是拥有一座"园林"——一个人为的清静去处。一个人让自己置身于几百英亩^①点缀着橡树的草坪的中心，至少借助于宽阔的林荫遮掩的草地避开

---

① 使用于英国的非正式标准化面积单位。1英亩大约为4047平方米。

人群，这就等于坐享因为环境使之弥足珍贵的清福。然而当我穿过伦敦的那些亵渎神明的游乐场往回走，来到"多余的人群"中间，我真是又饱了一次眼福，在盛大的英国集会中，这种眼福我向来都是不浅的。总体来说，在我看来，英国人分明是欧洲最英俊的种族——当然念念不忘我们谈论什么地方的美的频率时，我们谈的多多少少都是一种少数情况——所以要相信外表需要展示这一点，还是要花费一番想象力的。我每次一看见大批英国人，就感到这种印象加深了一层。不过我赶紧得补充一句，有时候我感到在一小群人面前，这种印象又大大地动摇了。我疑心，一大群英国人所产生的标致脸面和高大身材的百分比要比其他任何情况下来得大。关于上层阶级，我想这是一般都公认的。就算大打折扣我还是把这种看法推及到全体国民身上。当然，如果英国民众给观察者以标致的印象，那么，他们的天性一定固守着更高的理想。上层人物个个衣冠楚楚，下层百姓人人衣衫褴褛，而且衣服表面总是黑黢黢的，这与欧洲大陆的劳苦大众的衣着毫无共同之处。这便是那种悲惨的单调——对体面衣着的一种丑陋、无望的模仿。这一点在妇女们的破旧的软帽上尤其明显，看上去就像她们的丈夫用钉上平头钉的靴子踩过似的，从而暗示戴帽子的人可能的遭遇。所以，如果说大街上见到三分之二的伦敦面孔都或多或少流露出酗酒的痕迹，那也不算过分。发红、泛紫、长疹子的假面孔比例相当高；许多面孔就这样改变了原形，它们显然是要走表面上高度体面的路线，但在旁观者看来，这种现象并没有减少情绪低落的根源。有一些人身上有来自这个最昏暗的现代巴比伦的贫民窟和脏乱差地区的那种肉体和精神堕落的明显烙印——那些面无血色、发育不良、出身不正而且悲惨透顶的人物形象，这些人占的份额也不小。每一群伦敦人中都挤满了这种人，据我所知，在别的地方，还没有人表现出堕落到这种地步的迹象。然而，就在提出这样一些异议的时候，观察者仍然注意到面部光洁的数量和程度，注意到脸型的沉稳，如果并不总是精细的话，注意到那种明澈和匀称，注意到那种按特定模型塑造出的眉头、面颊、下巴，注意到对观察者的印象做出的那种巨大贡献，尤其是肤色和身高这些要素所做出的贡献。表情问题又当别论，而且你一开始就不得不承认，一言以蔽之，这里的表情总体上缺乏明显的热情，即便对陌生的现象也是如此，不过在妇女中间，尤其令人欣羡的是在儿童中间，往往有一种难以名状的娇羞。不过，我还要补充这么一句肺腑之言，如果英国人比我们英俊，他们也比我们丑陋得多。我确实认为欧洲所有的人种都要比美国人丑陋得多：我们远远产生不出那些在更为肥沃的社会土壤上盛极一时的庄严古怪的脸型。美国人的丑陋表现在身体的穷酸猥琐上，英国人的丑陋表现在累赘和怪异上。在美国，很少见到怪人，在英国怪人却多如牛毛——而且其中有一些具有高超的造型的、历史的、浪漫的价值。

Ⅲ

我到伦敦以后见过在寒酸型英国人最显眼的集会中，我觉得那种怪诞因素十分引人注目。我是在乔治·奥杰先生的葬礼上看见这些人的，葬礼离复活节期大约有四五个礼拜。大家也许会记得，乔治·奥杰先生是个出身低微的激进派煽动家，他由于执迷不悟，一心要进入议会，从而出了名。我相信，他从事过有用的鞋匠职业，曾经敲过只对高雅人士开放的大门，当然无功而返。然而他是个有用而可敬的人，所以他自己的民众给他举行了一次隆重的葬礼。正在他们积极送葬的当儿，我碰巧来到了皮卡迪利大街，这是一种错过了我会感到后悔的壮观场景。街道上人山人海，但我还是想办法挤了过去，钻进了一辆停在人行道旁边的双轮双座马车。我就坐在这里观望，就像在一个包厢里看戏一样。尽管进行的是一场葬礼，但我还是不愿将它称为一出悲剧，不过它倒是一出十分严肃的喜剧。那天恰好天朗气清——一年里最好的一天。葬礼是那些从社会阶层上讲在议院里无人代表的一些阶层操办的，它具有一种民众大示威的性质。灵车后面跟的马车很少，但步行的送葬队伍在阳光下拉得很长，与皮卡迪利的古典规范相映成趣，其规模之大，令人难以忘怀。行列中间每隔一段就夹杂着一支小小的铜管乐队——显然是在公寓窗户下面吹吹打打混几枚铜钱的那种浪游德国人的乐队；不过就其余的而言，这支队伍都是由报纸上所谓的民众渣滓严密拼凑起来的。那都是伦敦的群氓、大都会的暴民，男男女女，老老少少，有正派的穷人，也有不正派的，在队伍经过的过程中，他们就挤了进去，就被吸收了，于是他们便开了一种严肃的"玩笑"。一切都庄严肃穆——完全合乎体统，不事招摇。他们排成一条长得没完没了的队伍，拖拖拉拉向前走去，我从马车的前面放眼望去，似乎望见的是这个伦敦世界的下面、反面的全景。队伍里充斥着正如英国人说的，先前似乎从来没来"露过脸"的角色；充斥着在皮卡迪利的阳光下眨巴着眼睛、跌跌撞撞的奇怪、苍白、不像样子的贫民。我没有篇幅对他们做更加详尽的描写，不过我发现整个事体隐隐约约有一种不祥的兆头。我的印象不仅来自被具有讽刺意味的天空照亮的这种寒酸人群的激进的发泄，或者考虑到色彩，不妨说是革命的发泄。而且还来自不久前我注意到的一些相同的原因，那一天女王去主持议院的会议，我站在特拉法尔加广场，放眼向威斯敏斯特直望过去，街上是盛大的游行队伍，聚集了一簇旗帜和花彩，上面用显眼的大字写着很容易使神经过敏的警察部门感到紧张的口号和标语。这些标语口号大多都涉及的是假冒者蒂奇伯恩①，人们强烈要求将此人释放出狱，而且把他无情的命运当作对这个时代和国家的社会安排进行几项笼统反思的借口。这些毫无道理的表示竟然允许在光天化日之下耀武扬威，好像它们就是"爱尔兰巨人"或者"东方侏儒"在集市上发表的宣言似的。当时我刚从巴黎来。巴

---

① 蒂奇伯恩案件是英国法律史上最有名的冒名顶替案。1853 年 3 月，准男爵爵位的继承人罗杰·查尔斯·蒂奇伯恩乘船前往南美，船于 1854 年 4 月沉没，蒂奇伯恩从此杳无音讯。1866 年圣诞节，一个人到了英国，自称是罗杰·蒂奇伯恩，真罗杰的母亲声称此人就是罗杰，但他骗不过真罗杰的妻子儿女，后来法庭认定此人是伦敦一屠户的儿子阿瑟·奥顿，审理一百八十八天后奥顿被定为犯伪证罪，判服劳役十四年。

黎当局没有那么持久的耐心，协和广场纪念碑基座上的革命公告可不能赞同任何公认的阴谋——那就是时代变迁的结果——风格庄重或者正派得体的结果。因此，在我说到的这两个场合我对英国不管束百姓的令人钦佩的做法——对那坦诚的良知、坦诚的和善，甚至坦诚的雅趣，感触良深。当我注视着奥杰先生的那些食不果腹的党徒们的示威时，我发现使人难以忘怀的正是这一点——那些众多的暴民竟然能浩浩荡荡向前挺进，执行自己的任务，而那些优秀的不动声色的警察——沉着、可爱，永远使人想到这个民族的气质——只是袖手旁观，保证渠道的畅通无阻。

　　复活节礼拜一一到，显而易见，人人（除了奥杰先生的朋友们——有三四百万之众）都到外地过节去了。在西区，几乎家家窗户紧闭，户户门铃拉了也无人应答。天气讨厌，阴雨连绵，你的朋友个个都不在家，这倒给你足够的空闲去遐想，认为乡村必定死气沉沉。可是你的朋友一个个都奔向那里（这与我一开始就谈到的一致），而且尽量限制那种捉迷藏游戏的规模，而这种游戏在最盛行时却组成了伦敦社交生活的很多方面。看来，在这个沉闷的季节允许的范围之内，搞一搞那种可以算作庆祝春天到来的游览是明智之举。经过了一番深思熟虑之后，我到坎特伯雷和多佛游览了一番，顺路还参观了罗切斯特，我开始这些记述时，打算描述的也正是这次重要的旅行。然而我一路闲荡了这么久，已经快到智穷力竭的地步，还没有到达第一站呢。如果讲究一点技巧，我一开始就应当讲述，我由于乘廉价汽艇顺泰晤士河而下直到朱利叶斯的塔群，从而引发起长途历险的兴致。这一活动正好是复活节前的那个礼拜六进行的，当时伦敦市寂静得像座坟墓。"伦敦永久的耻辱"则是我儿时的记忆，由于认为岁月的灰尘最好不要从那样的记忆中抖掉，我便没有收回迈向那年高望重的城墙去的脚步。然而，伦敦塔——独一无二的伦敦塔——非常出色，而且对于我老到一些的眼光来说，它远远没有像我估计的那样伦敦味十足。它灰秃秃的，充满了历史沧桑感，一副重现昔日雄风（确实相当苍白无力）的神气。因为受难周关门我未能进去，所以也就省得同十来个观光客一道在一名好说教的伦敦塔看守后面大步追随，而是由着性儿在庭院和花园里溜达，只是跟那些闲散的卫兵们共享这些景致。他们似乎有一种追忆历史的爱好，总是把这个地方与重大事件联系起来。

IV

我在罗切斯特停留，就是为了看它的城堡，因为我在火车上就望见它高踞在变宽了的梅德韦河边的芳草岸上。另外还有一些迷人的景点。该地有一个小小的主教堂，就是撇开福斯塔夫① 和讲故事的香客们② 的创造者们不谈，人们已经在狄更斯作品中读到过这座教堂，他的加德希尔的住宅离该镇只有两三英里。伦敦和多佛之间的肯特郡地区，确实屡屡出现在狄更斯的笔下；在某种程度

---

① 福斯塔夫：莎士比亚笔下脍炙人口的喜剧人物。
② 乔叟《坎特伯雷故事集》中的人物。

上，他为我们这个后来的时代表现出了这块土地的精神。我发现罗切斯特的情况正是这样。我有一次走进了一家小店，店主是一位健谈的老太太，她的柜台上放着一张加德希尔的相片。这就引得我问她，按她见多识广的眼光看，这座房屋赫赫有名的主人是否经常在该镇露面。"啊，愿上帝保佑你，先生。"她说，"我们大家都认识他，跟他说过话。那个礼拜二他还到小店里来过，带着一帮外国人——礼拜五他就死在自己的床上了。"（我应该说我大概没有按原话重复她说的那个礼拜的日子。）"他穿的是他那套黑天鹅绒西装，穿上这套衣服，他总看上去非常漂亮。我对丈夫说：'我确实认为查尔斯·狄更斯穿上那套黑天鹅绒西装挺帅。'可是他说他倒看不出他有什么特别之处。那个礼拜二他就是到小店里来过，带着一帮外国人。"罗切斯特也就是一条长街道，从城堡和河一直延伸到邻镇查塔姆，两边是低矮的砖房，一派乡气，大多数房屋的山墙或者窗户都具有一点沉闷的整洁或者古雅风格。几乎就在那位老太太和她的塌鼻子丈夫经营的商店对面，有一座小小的住所，门面上嵌着一块石碑，那位喜剧大师见了，肯定会常常莞尔一笑。碑记云，1579 年理查德·沃茨在此建立一所慈善堂，为"六名穷旅客，既非恶棍，也非收税官"免费提供一夜住宿招待。次日一早发放每人四便士的盘缠，为纪念他的"乐善好施"，新近补嵌了这块石碑。

　　罗切斯特的这家旅店不大好客，我便极想敲一下沃茨先生的救济所的门，借口就是本人既非恶棍，又非收税官。穷旅客要是有了按遗嘱发放的四个便士，就无需自己破费，便可一路顺风走到查塔姆。小大卫·科波菲尔从伦敦到多佛去投奔他的姑妈特罗特伍德小姐，途中在一尊大炮下睡觉，这不就是那个地方吗？说是两座城镇，其实就是一个，它连成了一条连续不断、曲里拐弯的大街，当我上上下下估量着它时，驻扎在查塔姆各个兵营里晚上出来的士兵的红军装，把暮色里的大街照亮了。

罗切斯特的主教堂规模不大，外貌平常，隐藏在一个粗僻的角落里，也没有一块绿草如茵的院子做陪衬，跟那座毗邻的城堡的诺曼式方形主楼一比，更见矮小、黯淡。然而它里面却非常迷人，尤其因为隔的是一堵可憎的墙壁，这可几乎是英国所有主教堂的通病，它把歌坛封闭起来，而且隔断了走道神圣的景观。这里，就像在坎特伯雷一样，你得登上一系列高高的台阶，才能钻进墙上的那个小门。顺便说说，当我以轻慢的口吻说到罗切斯特主教堂的外观时，我还是想从相对比较的意义上对它略加褒扬。如果我们有幸在美国不太远的地方有这么一座不太重要的建筑，我们会赤脚走去拜谒的；然而在这里，它却站在坎特伯雷巨大的阴影下，显出相形见绌的样子。不过我现在还记得一座古老的小隐修院通道，把你从大街引向教堂；我记得东墙根上看上去鬼气森森的教长宅，如果专门名称就是这么叫的话；我记得一座有凹槽的尖塔，它集午后的天光于一身，任鸦雀绕着它飞旋、喧闹。我记得更加清楚的是被常春藤蒙着的四方城堡，那是一座非常庄严宏伟的废墟。这个四面有围墙的古老的院落已经改为一座小公园，有花草，有长凳，有一个供一支乐队演奏的亭子，而这个地方并不是空荡荡的，因为英国的这一类地方从来都不空。结果是惬意的，然而我相信过程是野蛮的，其中包括对废墟很多有趣部分的破坏和宰割。我在那里流连了很久，在幽光下观察那些遗留下来的东西。等许多坚固的东西已经荡然无存时，这堆粗糙的诺曼砖石建筑仍然会留存下来；它总是一成不变地嘲弄破坏和衰败。它的墙壁厚得离奇；墙上大片大片被风雨剥蚀得发白的地方，磨圆了的粗糙表面，柔和与狰狞的离奇的结合，看上去魅力无穷。天色将晚时，英国的废墟总显得非常奇特。我说它们被风雨剥蚀得发了白，但它们在暮色中显得越发苍白，而且存心要变得庄严肃穆，像个鬼蜮。破败的城堡我见过不少，然而我却不记得还有哪一堆废墟比它显露出更加孤苦肢解的面目。

损害坎特伯雷的并不是缺乏一座庭院；这座大教堂耸立在绿树青草之间，周围有一圈耕地为边，它的布局别开生面，当你从门楼下一出来，就立即欣赏到它的宏伟容颜——它那壮丽非凡的长度。英国的大教堂中还没有一座比它显得更为庄严舒展，好像要把更多的东西揽入怀中似的。在墙脚下，从庭院的入口到最后一个小教堂的远端，可是一段很长的路。漫步时举目仰视能观察到的一切，我无法做详细的记述。因为我怕有冒充内行涉猎专门建筑结构问题之嫌——却往往不谈别的感觉到的关联——也就是只讲画面，即单纯的建筑景致。这种景象绝对令人赏心悦目。在众多的竞争对手中像这样具有复杂精致的建筑，令人迷惑地把不同时期融为一体，迷人地把诺曼拱形与英国尖头和垂直糅杂在一起的，也只有坎特伯雷。况且，使侧景高超无比的则是一对横翼，它展现出山墙和扶壁最美丽的结合。宛若两座大教堂向中央会师——一个提供了中厅，一个提供了歌坛，而各自又保留了各自的反向大侧廊。中间骑在屋顶上的则是一个巨大的哥特式中央塔楼，它却是该建筑最晚建成的部分，尽管看上去好像是最早的一个组成部分，由于岁月的拨弄和风雨的吹打，软化了硬度，染上了色调，留下了指痕，磨得滑溜溜的。像该建筑的其余部分一样，中央塔楼也有一种绚烂的颜色——一种富丽的暗黄色，一种不棕不灰的个人色调。如果从教堂远侧的回廊上看，这一点尤其明显——我说的是离开城镇和我提及的开阔的花园的那一侧，也就是面朝一座潮湿古老的牧师住宅的那一侧，那座住宅藏在一座棕色拱门后面，通过拱门你就能看见戴着庚斯博罗^① 宽边帽的年轻女士在一块天鹅绒似的草坪上玩儿。总而言之，反正就是跟一块四方绿地融合在一起的那一侧——那块四方绿地是一个王家学堂的操场，外面装饰着一段非常珍贵而别致的诺曼式古老楼梯。这条回廊无人"管理"，显得阴暗、发霉、破烂不堪，当然也宜于勾画。古老的黑色拱门和柱头式样各异，美不胜收，中间乱堆着一堆东倒西歪的墓碑，几乎都埋没在深深的嫩草里了。走出回廊展现出的便是牧师会礼堂，它也无人管理，不过还算得上是一座宏伟的建筑，是一座庄严高大的厅堂，木头屋

---

① 庚斯博罗（1727—1788），英国肖像和风景画家。这里说的庚斯博罗宽边帽指的是他的肖像画中的妇女戴的帽子。

顶非常美观，简直弯得就像一条隧道的顶部那样，没有柱子，没有支架。这地方现在已经由灰尘和回声主宰，不过它看上去倒像一座宴会厅，而不像牧师们的会议室。靠四面的墙根，是一圈古老的木凳，高高地摆在两三层台阶之上，当你坐到木凳上时，你不妨抬头凝视，发现在棕色的天花板上有淡淡的幽魂似的装饰颜料和金色涂层的痕迹。其中有一小块经过修复"以便提供一种概念"。教堂执事建议你从回廊的一个角度上一睹大塔楼的雄姿，它确实有绝世独立、荦荦冠群之势。你看见它以屋顶为基座，一副坦荡的气概，好像它把根扎在地里一般，然后又直冲云霄，似乎使从顶架上猛飞下来的燕子晕头转向。在大教堂里面，你当然会听到许多有关可怜而伟大的托马斯·贝克特①的事迹，而这地方给人的特殊感觉则是站在他惨遭杀害的地点俯视一块破碎的小石板，教堂执事向你指着说，它就是那场斗争中血溅过的路面的残片。我第一次进教堂时已是晌午时分；歌坛上曾做过礼拜，这时已经结束了，我便一人独占了这块地方。教堂执事由于要把凳子搬动一番，便让我拐进上了锁的大门，由我信步穿过歌坛的侧廊，走进后面的大礼拜堂。我说我一个人独占了这块地方；如果声言我和另一位绅士分享这块地方，倒显得更加得体一点。这位要人展开身子仰卧在一张石榻上，上面是一个古色古香的木头华盖；他的双手交叉起来放在胸口上，尖尖的脚趾头搭在一只小狮身鹰首兽或者一

---

① 托马斯·贝克特（1118—1170），英王亨利二世的枢密大臣，后任坎特伯雷大主教，因为反对亨利二世控制教会事务而遭杀害。

只豹子身上。他面目英俊，完全是一名英勇骑士的形象。他的名字是金雀花王朝的爱德华，绰号"黑王子"。"De la mart ne pensai-je mye"①，他这句美丽的名言就镌刻在他的雕像的青铜基座上。我伫立在那儿，一时有一种和他亲近的印象，从而忘掉了死亡。人们毕竟离其他有名的骑士更远。就在这座礼拜堂里，坎特伯雷的圣托马斯的神龛停放了好多年。他是基督教世界最富有、最有影响的人物之一。神龛前面的路面一直原封不动，然而亨利八世扫清了他著名的改革捷径上其他的一切。贝克特原来埋在该教堂的地下室里，他的遗骸在那里放了五十年，后来他的殉教精神才逐渐为人"瞩目"，于是他就被迁进了圣母堂。他的遗骸的每一粒尘土都成了无价之宝，神龛的路面也被跪拜的香客尊为圣土，乔叟笔下那些讲故事的一队骑马人到坎特伯雷来当然也就是办这种事的。我下去进入地下室，那可是一个由低矮黑暗的拱门和柱子构成的大迷宫，我四处摸索，最后发现了心惊胆战的修道士们首先把莫尔维尔和费特泽斯②的断了气的受害者转移开，免遭进一步亵渎的地方。我在那儿站着，教堂上空雷雨突发，狂风呼啸，骤雨从地下室敞开的几面横扫而来，再加上好像在角落里加深、闪烁的黑暗，还有那强烈的霉味，使我觉得好像掉进了历史的深渊一般。我又露面了，但雨也停了，它把这个晚上完全糟蹋了，我踩着溅泼的泥水回到旅店，坐在咖啡屋炉火旁的一把很不舒服的椅子上，一面阅读斯坦

---

① 法语：我不想考虑死亡。
② 他们是亨利二世派去杀害贝克特的四名骑士中的两个。

利^①教长令人愉快的《坎特伯雷纪事》，一面对这么多英国旅店带霉味的陈设和贫乏的财力感到纳闷。这家旅店给自己起的字号是"Fleur-de-Lis"^②（我想是对黑王子表示敬意）。这个名字很漂亮（我太傻，让它把我诱入这家旅店），然而这朵百合却有名无花，实在可悲。

---

① 阿瑟·彭林·斯坦利（1815—1881），英国教会史学者，曾任牛津大学教会史教授和威斯敏斯特教长。
② 法语：百合。百合花徽为法国王室标志，黑王子在英法百年战争中取得辉煌战绩，因此有下面的猜测。

仲夏的伦敦

    我相信，要承认一个人在伦敦度过了所谓的"社交八月"，那应当是需要很大勇气的；而我却不畏艰险，愿意在一开始就对这种怯懦供认不讳。我可以想方设法减轻罪责；我可以说我待在城里完全是始料不及、迫不得已的事，或者纯属漫不经心之举；我可以谎称我就喜欢这么做——我之所以做这种事，实际上是对它情有独钟；我可以声称：你只有在三伏天靴底沾上贝尔格莱维亚沉睡的尘土，或者当你在海德公园沿着空空荡荡的车道放眼望去，在英格兰几乎破天荒第一次看见的只是一幅无人的风景时，你才算真正知道了伦敦的魅力。然而，除了我分明没有卷起行李离开——既没有在8月1日跟妇女儿童离开，也没有在8月13日跟议员一道离开，也没有在8月12日开始打松鸡时离开——这一明摆着的事实外，这种貌似有理的辩解很少能够站得住脚。（我不敢保证我把日期记得一天不差，不过这些日期都和特定的情形有关。）实际上，斯文的东西纷纷离去时，我却待了下来，跟我一起留下来的那三百万人就是我的耻辱的见证。

    话又说回来，我又不能扬言我就一直在城里流连，我发现这是一种极其讨厌或者极其痛苦的经历。白天把自己关在屋里，晚上在夜幕掩盖下偷偷地出来溜达——舆论把这一系列行为强加给那些自愿忍受这个倒霉季节的当地居民，即使我能相信周报的这种社会批评（其实我很难相信）。身为一个异邦人，我也觉得没有必要这样做。说真的，我一贯认为，遇到非常炎热的天气，在一座大城市里，住在一幢大房子里，自得其乐，倒是一件难得的快事。然而这些优越的条件并没有给我自己在大都会的逗留增添什么色彩，我反而产生了这么一种印象：在伦敦，一个访客如果没有掌握许多功率强大的机器，就很难使这些条件统一协调。英国的夏天，很少热到有必要遮暗房屋、脱光衣服的程度。就此而言，今年确实"不同寻常"，何况，人们无论在哪里过，哪一年何尝不是这样。然而，在外国人眼里，人们的举止，在最好的（或者最坏的）情况下，在联合王国，哪怕温度计像鸟儿一样腾飞得再高，也只是一个折翅跌落的信号。人们住在家里，无论是8月还是1月，都是窗户紧闭，外衣和靴子看上去没有明显的实质性的差别——也就是说在厚度和硬度方面。一年到头，在大多数情况下，在英国"洗一个澡"只是意味着一只轻便的小马口铁盆和一块海绵。仲夏时节，桃、梨、葡萄、甜瓜跟圣诞节一样，也无非是市场上的点缀。有些事实也是远方来的英国风俗评论家不由得要屡屡提及的，最后竟然变得羞于启齿，这种桃子和甜瓜的问题就是这类事实的最好例证之一——也就是说，这个国家的美丽与奢华，举世闻名、众人景仰、称之为"英国人的舒适"的那套精心制作的体制，其实是一件非常有限，本质上属于个人的事儿。尽管不久以前，我的两位女同胞用一种鄙夷不屑、笼而统之的口吻给我讲了一件趣闻，我也深知其中的用意，但我还不能算作那些谈起英国水果来就像开放肆玩笑的傲慢无礼的外邦人。她们三伏天来到伦敦，在旅馆吃午饭时要求上一些水果。旅馆豪华气派，招待她们的是一个气宇同样轩昂的服务员。这位人物鞠了一下躬然后退下，等了好长时间才又露面，他以一种举世无双的姿态把一碟醋栗摆在她们面前。经过调查研究，好像这些酸果是该店能够供应的唯一鲜美多汁的东西，而这家旅馆又离白金汉宫近得不能再近，这就更增加了一番环境的讽刺。我说我的趣闻中的这几位女主人公似乎有以点代面的倾向；我的意思是，这种情况足以给我一个借口，向她们保证，由于有千百种优秀品质，美味的桃子和甜瓜当时正在玻璃棚下或者在围墙里的温暖古老的花园里成熟。我的两位听众听了那些优秀品质、玻璃棚和墙围的花园，当然把脑袋一扬；实际上她们吃苦的地方离白金汉宫近在咫尺，那么一点见识很难达到安慰的目的。

　　在任何国家漫游的外邦人，主要感兴趣的还是一种更加大众化的娱乐储备，尤其是在夏季。由于我已经暗示在英国，对那种兴趣并不怎么鼓励，所以，在这种季节，我竟然没有感到伦敦缺乏种种诱惑，这也许显得非同寻常。然而一个人喜欢伦敦——至少是一个外邦人的喜欢——从最好的方面讲也有一种反常和病态，这一点很难用一句话说清。我这番话的意思绝对不是说，在这个大都会里没有多少令人入胜、供人娱乐的东西；我的意思是说，由于某种原因，尽管它具有丰富的社会资源，但这个地方对外国人的思想非常压抑。它显得狰狞可怕，心狠手辣。然而外国人的思想最后还是积极满意地接受了它，并且在它那凶险的压力中发现了某种温暖舒畅的东西，某种如果取消就会令人思念不已的东西。然而必须承认，就算人人出城，你对娱乐的选择并不会令人尴尬。如果你碰巧在大众习俗更为坦率的地方待过一段时间，你就会觉得伦敦不大提供真纯的消遣。这确实又使我们回到刚刚提到的那种没有娱乐的"大众化储备"的问题上。如果你想坐在户外的什么地方，吃吃冰淇淋，听听乐队演奏，你必须打消这种念头。你会发现既没有座位，又没有冰淇淋，也没有乐队。不过话又说回来，由于你既要满足自己的兴趣，又要保持自己的超脱，你不妨给这个地方提供这些乐趣，办法就是独自思量英国人对这些乐趣漠然置之的深层根源。在那种反思中，没有无用的东西——一点一滴的证据都是有价值的；如果你要追究没有冰淇淋、没有音乐和英国社会基本的等级体制的关联，你倒不必怕有小题大做之嫌。英国社会的等级体制在外邦人心目中是无时不在的重大事实，每一点生活细节无不在某种程度上流露出这种事实。确实，只有在一个民主感情非常盛行的国度，我们美国人说的那种"高雅"人士才愿意坐在咖啡馆门口的人行道或砾石道上的小圆桌旁边。优等人士太"斯文"，而次等人物太低俗。你还得赶紧补充一句，平心而论，优等人士，一般而言，富有他们自己的娱乐，他们有我刚才提到的那些特殊手段。专门为这些人制造了私人的安逸机器，运转得极其顺畅。如果你可以坐在一个俯瞰花园的阳台上，有那些身为体贴模范的仆人用伍斯特古瓷杯把清咖啡递到你的手里，你就很难找到一个像样的去酒馆的借口。在法兰西和意大利，在德意志和西班牙，伯爵和伯爵夫人愿意出去在一排彩灯下，在铺路石上，安营扎寨安度良宵，然而，十之八九，伯爵和伯爵夫人平时是住在单独一层楼和好几级台阶之上的。可是，我想，他们显然不受英国盛行的顾虑的影响。一个英国人，在他自己的国家，如果打算在一家咖啡馆门口坐下，他就不由自主地想起，他这是在追求参与、接触、交往，其实这是绝对行不通的，因为这一点在他其余的一切行为中都表现得一目了然。

　　然而如若要探究这些理由，我们就会远远离开那些摆在——我该说哪里呢？——牛津大街上的潜在的小冰淇淋桌。然而，毕竟没有理由让我们的想象在那种家具周围打转。我担心就是从最好处着眼，这些东西也不会给我们留下物在其位的愉快印象。在这一类场合下样样东西都挤在一起，我敢肯定意大利林荫大道和圆柱广场的习俗与这条伦敦大街的景象不会十分和谐的。东西南北的豪华小酒店，伦敦平民百姓围成一个表示艳羡的半圆叫人敬而远之——这种景观使人感受到更加明显的某些事态的特点。然而，在我写到的这个季节，人们的社会研究至少必须是下层生活研究，因为不管你去哪儿溜达或者度过一个夏日的午后，比较脏乱的现象是十分突出的。公园里除了那些粗人，再没有别人。他们一个个趴在羊群踩脏了的草地上。在格林公园，这种人总是相当多，由于我屡屡从这个公园经过，这些人总叫人深感诧异。然而，要是你的诧异是为了那些斜躺横卧的英国流浪汉而蠢蠢欲动，那它就要走得更远更深。你在他们中间会发现某些丰富的潜在价值。他们穿着棉绒裤子的腿和他们的高帮大靴子，他们发紫的脖子和尖耳朵，他们多节的手杖和小小的油乎乎的礼帽，凡此种种，使他们看上去活像写实传奇剧中的恶棍。我可以对他们说句公道话，然而，他们身上一贯的性格通常要求他们必须尝一尝劳役之苦——要求他们必须因为用那些伸向夏日天空的巨大的方形鞋跟踩了某个弱者的脑袋而遭受惩罚。其实，他们都是无辜之辈，因为他们睡得就像最有建树的慈善家一样安详。正是他们走遍了半个英格兰，身无分文，饥渴交迫的样子构成了他们富有传奇色彩的魅力。六平方英尺 ① 的褐色草坪，他们眼下就足够了。然而他们会睡多久，下一步他们往何处去，上一次他们从何处来？只好让自己希望他们长睡不醒，哪里都不再去。

　　伦敦的八月确实令人难以赞同，几天前我去到格林尼治那个游乐胜地时，发现只能吃个半饱。那家有名的饭店已经熄了灶火，关了配餐室。要不是这一发现，我倒是要把去格林尼治的那次小小的出游说成在单调乏味的伦敦八月里的一次迷人的消遣。格林尼治和里士满是两处传统的郊外美食区。这个时候，里士满情况如何，我不得而知，但在格林尼治的遭遇使我想起（我希望不要多次成功而这次受挫）最近被称之为英国娱乐中的"特别作风"的成分。正是遵照一种严格合乎逻辑的理由，格林尼治饭店如我所说，关闭了

---

① 使用于英国的非正式标准化长度单位。1 英尺大约为 0.3 米。

它的配餐室。养尊处优的人们在八月第一个礼拜之后统统离开了伦敦，因此，那些仍然留着不走的就不是养尊处优的了，因而也就无法高攀"鱼宴"的概念。那么我们为什么要把什么都准备停当呢？幸好，对这个引人入胜的郊区我还有一些别的印象，我要赶紧宣布，在饮食有度的季节，在格林尼治吃饭比在哪儿吃饭都开心。饭一开始就是鱼，接下去还是鱼，最后是什么——除了唱歌、讲话和依依深情的告别——我就不好明讲。那是一种颠倒的美人鱼，因为我模模糊糊地知道那家伙的尾巴经过精心制作，长长的，肉很多。如果不是失之轻率的话，我就应当冒险提一下我有幸了解格林尼治菜肴的那次宴会。我要表明，跟一群聪明出众的人一起坐在窗前，外面是宽阔的棕色泰晤士河，那将是多么惬意的事情啊。船只满怀信心地游过去，仿佛它们就是娱乐的组成部分，被列入了节目单似的；午后的天光迟迟不肯退去。我们吃各式各样的海鱼，却用种种绝对不像咸水的液体把它们冲下肚去。我们加了大量佐料，按照法国谚语的说法，有了这种佐料，人可以心安理得地把自己的祖母吞下肚去。要涉及酒友的身份确实有些不妥，然而如果对英国酒宴的坦诚健康表示一下高度欣赏，这也是无可厚非的。外邦人——至少是美国人——如果发现自己跟一群专门饮酒作乐的英国人凑在一起，他就感觉到一种难以言传、令人愉快的东西，由于没有一个更好的名字称呼，他只好管它叫他们高贵的气质。他在全民高贵的气质中注意到了个人的自由成分。在他看来，这是世界上最美好的东西之一，而他的满足之情将由于我不妨让自己提及的那唯一的事情更加痛快淋漓。这是那种只能在一个古老社会里出现的小事之一——在那样一种社会里，一个初来乍到的观察者所碰见的每一个人，都使他觉得在某种程度上有一种历史身份，与他听说过的、与他感到纳闷的某个人或某件事有关。如果他们不是玫瑰，他们多多少少总在玫瑰附近生活。有一位家喻户晓、万人景仰的英国歌曲作家——凡是讲英语的地方都唱他的歌。当然，按照我刚才暗示的规矩，坐在对面的绅士中间有一位一定是他的重孙，宴会后要唱歌，那位绅士以最迷人的歌喉和炉火纯青的技艺高唱他祖先的一首歌曲。

关于格林尼治，我还有别的一些记忆，那里有一座迷人的古老公园，著名的天文台就高踞在它一片起伏的草地的顶端。事情要办彻底，你就必须花六个便士乘坐往返在泰晤士河上的脏兮兮的小汽轮，先走一段水路，然后弃船登岸，在公园里溜达一圈，引起食欲。无论哪一种河上航行我总能发现一种难以抵挡的魅力，然而从威斯敏斯特桥到格林尼治的这一段短短的航程，我简直不知道怎么说才好。老实说，那是一种平淡得不能再平淡的漂游形式，是推荐给好追根究底，而不是吹毛求疵的人的。它把伦敦的昏暗、漆黑、拥挤、浓烈的商业风情引荐给你。欧洲城市中很少有比泰晤士河更加出色的河流，但是肯定没有哪一座城市在展示脏乱的滨河风景方面比它耗费了更多的心血。一连多少英里，除了一个个黑黢黢的仓库后背外，你什么都看不见，或者说不定它们就是一张张黑黢黢的脸面：在如此毫无表情的建筑物中，要加以区分是不可能的。它们黑压压地挤在宽阔浑浊的河流两岸，幸好河水太昏暗，反映不出那阴沉的形象。湿漉漉、脏兮兮、黑沉沉则是无处不在的色调。河水简直是黑糊糊的，又覆盖着黑糊糊的驳船；在黑糊糊的屋顶上面，从延伸得很远的码头和船坞中间，耸立起一片荒草丛似的昏暗的桅杆。那只不断喷气的小汽轮脏兮兮的，但劲头十足——它喷吐出的一片黑云总是伴你同行。在这一阵阵碳雨中，你的同伴们，其实他们大体上都属于那些黯然无光的阶层，倒显出一种非常协调的灰色。而且整幅画面，由于用黏唧唧的伦敦雾上了一层釉，就变成一幅卓绝的创作。不过它尽管缺乏光亮，却仍然令人难忘，虽然难看，但绝不琐碎。像许多未受优雅熏陶的英国文明的方方面面一样，它具有表现某种非常严肃的东西的优点。用这种灵光观察，污染的河流，散乱的驳船，面孔死气沉沉的仓库，邋邋遢遢的人群，污浊的大气，都能给人丰富的联想。听起来尽管荒唐，然而这些脏兮兮、雾沉沉的细节可以使你想到的只能是整个大英帝国的富裕和强大。所以悬浮在这种景象之上的是一种玄学上的壮丽，它能弥补真正缺乏的东西。我并不完全理解这种联想，然而我知道当我放眼向左眺望东印度码头，或者从一座座黑沉沉的大桥下穿过时，由于那里火车和人群永远川流不息，我感觉到自己的想象为之一震。那硕大无朋的桥墩尤其像刚才说过的帝国的台柱。

毫无疑问，正是由于有做这种冒失而无益的白日梦的习惯，多愁善感的游客认为看看那座耸立起它的两座不大起眼的小砖塔的格林尼治天文台倒是美事一桩。一看见这座有用的建筑就使我感到一种最初似乎显得大喜过望的快乐。原因只不过是小时候我常常看见它出现在木刻画里，出现在学校的地理课本上，出现在一些表面油光灰黄、挂在意想不到的地方、挂在黑暗的大厅里、挂在门后面的一些大地图的边角上。这些地图挂得过高，所以我的眼睛只能看见下边的角落，而这些角落通常印有一个奇形怪状的房屋高踞在树林中的草坡上，那草坡到了屋前突然急遽下降，形成巉峻的峭壁。我常想，要是舒展身子从这个慢坡上滚下去，那一定叫人乐不可支。旁边印的就是什么地方在"格林尼治以东"多少多少度。为什么是格林尼治以东呢？儿童脑海里在这一点上所感到的朦胧的惊奇使那个地方显得又神秘又重要，好像使它跟地理学上那些难懂、迷人的部分——也就是那些轮廓随意的国家和地图册面目冷清的书页有了联系。可是最近有一天，它就矗立在那里，巨大的地球的量度正好就是从这个点上开始的；那里就是那平平常常的小小的正面，上面是老式的穹顶；那里就是在上面能够一直不停地跑下去就会其乐无穷的草坡。我发现自己竟然没有撒腿就跑的兴趣，这使我有一种垂垂老矣的可怕感觉。格林尼治公园里的陡坡确实不少，所以整个公园忽上忽下、险象环生。那是一个迷人的地方，破旧不堪、饱受践踏，这也跟严格意义上的群众游乐场十分相称，不过它有自己的特色。公园里到处都是样子奇异的大树，我只知道它们虚有栗树的外貌，长在长长的抱合的林荫道两旁，树干极粗，枝杈极大，在草地上远远地投下黑沉沉的影子，此外，我对它们就一无所知了。公园里有许多长椅，还有像打瞌睡的儿童一样驯顺的鹿；从林木葱茏的丘顶可以望见越来越宽的泰晤士河、来往的船只、河滨的两家古典式旅馆和老医院高大宏伟的建筑物，那是伊尼戈·琼斯的设计，建筑物里的老住户已经被赶走了，建筑物却变成了一所海军学校。

　　注视着这一切，我不知不觉来到了公园墙内的一个偏僻的角落，那里有一个小小的便门虚掩着。我把门推开，发现自己竟然到了布莱克希思公地，这真是一个激动人心的转变。人们常常听说过布莱克希思，有种种含糊不清、无可挽回的与轶闻趣事相关的联想：好呀，它现在就在这儿——一大片绿草如茵、微风拂面的地方，穿着灯芯绒裤子的半大小子正在那里打板球。照例，每见到一块英国公地，我就会喜不自胜；它可能被减小，染上伦敦的土气，这一块正是这样——因为灯柱在草坪上到处张牙舞爪，四周又是新漆的栏杆——然而一般来讲，它还是富于英国那种微风拂面的情调，让你总觉得好像在水彩画或者雕刻画里见过它。即便草地已被踩踏得不成样子，但在外国人看来，里面却有一种亲密排外的意思。白天影响天气的厚重的阴云笼罩在上空，洒下雨丝一样的灰光。为了进一步识别这个地方，这儿就有从两三条路上走来的英国士兵，帽子歪扣在耳朵上，一只手提着白手套，一只手拿着纨绔子弟用的那种小手杖。他穿着炮兵的制服，我问他从什么地方来。我听说他从伍利奇一路走来，而且这一业绩在半个钟头之内就完成了。受到一些模模糊糊的联想的激发，我决心与他的业绩分庭抗礼。我转身便向伍利奇走去，我大致上知道那里就是英国勇武的摇篮。过了半个小时，我又出现在另外一块公地上，那里水彩画壮丽的色调更浓。这种景象就像一章被人忘却的纪事。开阔的草地一望无际，黄昏的景色十分美丽，所以到处点缀着漫步的士兵和市民。当时有五六场板球比赛，既有平民的，又有军队的。这片和平的"练兵场"一直延伸过小山岗，在它的一端耸立起一片没完没了的房屋的正面——那是皇家炮兵营房的一个正面。它的气势令人肃然起敬，我想它的门窗比不列颠的哪一幢建筑的都多。前面有一个干净的大阅兵场。军官住所入口处，打扫得干净整齐，前面有很多哨兵踱来踱去。它所面对的一切都具有最严整的军容———一侧是那所出类拔萃的学院（那位穷小伙最近还在那里钻研战争艺术，如果把他称为最后一位波拿巴还为时尚早）；另一面是一种模范军营，是一排排整洁透顶的木板小屋；更远的一端是一所医院，所在位置空气极为流通。下面城里的军事设施更是比比皆是：规模极大的营房，一家海军造船厂把一堵没有止境的死墙推向街道，一家兵工厂，据门房（他拒绝我入内）称方圆有五英里，最后还有许多酒馆，足以燃起胆小鬼的万丈气焰。后面这些机构是我在去火车站时沿路在山脚下看到的。然而在离开之前，我先在公地上溜达了半个钟头，隐隐约约察觉到几乎每当瞥见这个伟大国家的帝国机器，就油然而生的某种感情（我只谈自己的情况）。这种瞥视也许是最漫不经心的，但它却激发出了一种奇异的感情，否则它应该只是对伟大的英国的一种敬仰之情，我不知道如何说它才对。伟大的英国，这是一个随口而出的说法，我当然不敢贸然以深入分析的态度使用它。我是以浪漫手法来使用它的，因为它在为自己的耿耿忠心追本溯源的美国人的耳朵里，就有一种浪漫的音响。我想到了英国在人类事务中所起的伟大作用，她所占据的巨大空间，她的强大的力量，她的及四方远的统治。如果产生这些粗浅笼统的想法是由于看见了一星半点的英国管理体制，那也许表明这是一种异想天开；如果是这样，我必须自认软弱无能。为什么一个哨所竟然会使人多多少少想到这个小岛的荣耀，而这种荣耀在她的天才中却找到了那样一种统治的手段？这种道理，我是讲不清的。我只想说的一点是，在现在正在流逝的艰难岁月里，一个意气相投的外邦人发现他的遐想奇异地加快了。他主要关心的正是英国历史上的这种帝国色彩，他不由得暗自纳罕：这种帝国时代是不是已经彻底结束。现在似乎正是欧洲各国都要有所作为的时刻，所以他等着看，英国既然已经有了这么大的成就，她还要做些什么。他最近见了许多同胞——生活在欧洲大陆、自以为是的以欧洲的感受方式说话的美国人。这些人总是途经伦敦，其中许多人却有在不列颠首都逗留、尚未沉溺于历史感情的欢乐中的美国人的那种烦躁的心态。他们断言：欧洲大陆各国才不管英国怎么想呢，英国的传统特权已经荡然无存，欧洲的事务将会由各国独立处理，根本不管她做什么，更不管她不做什么。英国什么事都愿做，却什么险也不肯冒；没有什么事业坏得她从中找不到私利，没有什么事业好得令她为之一搏。可怜古老的英国已经名存实亡了，是她该寻找尽可能体面的葬身之地的时候了。对于这种种说法，意气相投的外邦人的回答是：首先，他绝对不相信；其次，他丝毫不在乎——也就是不在乎欧洲大陆各国的想法。如果伟大的英国真是日益衰落，他倒觉得这是一件个人的悲哀；他在微风拂面的伍利奇公地上闲逛，周围的一切都使人联想到不列颠统治，他不禁心旌摇曳，根本不为那种乌烟瘴气所干扰。

　　然而，就像我前面说过的那样，我倒希望英国肯做点什么——做点引人注目、威风八面的事情，它应当既有特色又出人意料。他暗自寻思，她能做些什么呢，他念念不忘的是：他如此敬仰的这个伟大的英国原先大多被人树为"拿"东西的典型的。难道她现在就不"拿"什么了？有个《旁观者》就要她去占领埃及：难道她不会占领埃及？《旁观者》认为这是她的道德义务——甚至质问她是否有权不把她的仁慈的统治之福赐予惨遭蹂躏的埃及农夫。在那家过细的报纸上登出这种部分兼并尼罗河的振振有词的要求一两天后，我发现自己跟一位思想敏锐的法国青年在一起。我们提到了这家报纸，我的同伴当然声称这是可以想象到的表现褊狭伪善的最绝妙的事例。我不知道我为它做了一种多么有力的辩护，然而，当我读这份报纸时，我已经发现这种伪善有传染作用。我一面继续我的观照，一面回想这件事，然而我同时又回想起格莱斯顿[①]先生乏味得令人难过的讲话，因为报上的呼吁就是对他的讲话的回答。格莱斯顿先生说过，英国有比占领埃及紧迫得多的义务：她必须过问一些重大问题——什么重大问题呢？地方税务和禁酒法令方面的问题！

------

　　① 格莱斯顿（1809—1898），英国自由党领袖，曾四次出任首相，在任期间于1882年派兵侵占埃及。

地方税务和禁酒法令！这种说法当时在我听来简直令人作呕。这些不是我一直在想的问题，并不是由于她忧心如焚地专注于这些无疑十分有趣的问题，深表同情的外邦人似乎才会以偏袒的眼光看待英国——正如麦考利 ① 说的，对她的敌人投以轻蔑的眼光。格莱斯顿先生也许是对的，然而，格莱斯顿先生远远不是个深表同情的外邦人。

---

① 麦考利（1800—1859），英国政治家、历史学家。

两次观光

I

　　这两次观光彼此大相径庭，但各有各的说头。就第一次而言，似乎大家一致同意：一个外邦人要是错过德比赛马日那可是一大憾事。人人都向我保证，说这可是英国人的盛大节日，而且一个人看不见他们过这个节，就等于没有真正了解他们。既然这个节日与马有关，我倒可以相信。难道数周来各家报纸不是充斥着接二连三的长篇大论，讲参与这种仪式的那些动物吗？这件事对全国上下即便与当前别的重大问题——帝国的命运，东方的重新分配——相比，稍逊一筹，其程度不是也难以察觉吗？像《蓓尔美尔报》这种密集型、兼收并蓄的"思想性"刊物上分配给体育消息的篇幅过去一段时间似乎是衡量那些问题对本地人思想支配程度的标准。然而，在一个你容易在"社会"上熟悉下面这样一种三段论的国家里，这些事情是非常自然的。进餐时，你坐在一位外国女士身边，她旁边又坐着一位健谈的男士，通过这位男士，她在学习对英国生活掌握正确视角的艺术。我则从他们的谈话中获益匪浅，而且获悉这种视角分明就是马鞍。"你看，所谓英国生活，"男士说，"其实就是英国乡村生活。英国社会的基础就是乡村。而且你看，所谓乡村生活——呃，那就是打猎。万事的根本就是打猎。"换句话说，"打猎"就是英国社会的基础。由于对这种解释印象颇深，这位美国的观察者便准备加入一年一度对埃普索姆的大举朝拜。然而，我确信，这种朝拜尽管依然值得参加，但它绝对没有昔日的特色了。现在，这种活动主要是坐火车进行的，路上的景致已经失去了许多早先的风采。大路已经越来越多地被平民大众和外邦人占用，女士们已经不去光顾了。然而，作为一名男子又是一个外邦人，人们极力劝说我走大路，因为尽管情况大不如从前，从德比赛马会返回时，一路的景象却是经典性的。

　　我上了一辆驷马高车，这是一辆迷人的马车，黄色的车身，漂亮干净的领头马。我坐到车夫旁边，因为有人告诉我这个位置得天独厚。这种马车是一种新型车辆——也就是悠闲绅士赶的新型公共交通工具，他们亲自赶车，既可以自娱，又可以娱人。德比赛马日，所有从那些权威总部——皮卡迪利大街的"白马路"——出发，从伦敦通向十来个不同的、精心挑选的目标的马车全都赶上了埃普索姆大道。车身空空如也，因为人们只想占顶部的十三个座位。然而，在德比赛马日，一辆装载适度的马车在里面的座位上放了大量的食品篮和香槟篮。我必须补充一句，在这种场合我的同伴破了例，成了一位专业车夫，事实证明他是个友好而风趣的导游。别的游伴高高在上，坐在我后面的十二个座位上，他们的社会状况我倒不太想打探——不过在旅途中，受了香槟的影响，他们各自的特点，便随意表现出来，结果大大方便了行程。我们是一个五方杂处的社会——西班牙人、法兰西人、德意志人，只有两个不列颠人，而这两个人，按我的理论，则是澳大利亚人——一对从地球对面来的新婚夫妇到中央宗主国旅行结婚的。

等你完全出了伦敦，乘车去埃普索姆，沿途景色真是美不胜收；然而其中最令我神往的一段却是一个出色的城郊地区——克拉彭高级社区。克拉彭的景象一直是人们温文尔雅的历史意识内容里的一部分——它那使人敬意油然而生的公地，它那低教会派的社会，它那富有而死气沉沉的人，它那乔治王朝时代的高级砖宅。这时候我好像才第一次真正看清了这些成分，而且认为它们十分迷人。这个形容词还确实很难用在低教会派的社会上，因为在德比赛马日的早晨，在埃普索姆狂欢者亵渎神灵的过程中，低教会派社会的表现自然并不十分突出。然而在那碧绿的、染上伦敦色彩的公地周围排列着暗红色的宽敞舒适的房屋，从房屋门顶新古典式的山花下面，你指望看见一位面目温存的女士出现——一位戴着农家女帽和连指手套的女士从一个绿色丝绸小背包里分发传单。然而形形色色的车辆的激流此刻正以潮水汹涌澎湃的气势把大都会来的条条支流并入、卷走，如果阻挡这股激流，就需要野人中的传教士的热忱。各种品位的车辆在这里汇集得密密实实，从马车顶上望去，景象极其扣人心弦。你开始发现大路的光彩实际上已经不复存在，表面持久的高调并不是实情的音响。然而，一旦你掌握了这一事实，你的娱乐之感就会源源而来。你发现你跟庸俗的东西"同流合污"，到了无以复加的程度，这种东西使胆怯的"情趣"受到了来势汹汹、难以想象、勇猛无比的打击；接受这种局面，寻找一些实例，这一切都是不可或缺的。你的旁边，你的前面，你的后面，都是寻欢作乐的伦敦大众。你生平第一遭算是对伦敦大众有了一个总体的概念。他们挤在轻便马车里，挤在公共马车里，挤在形形色色的"圈套"里。其中很大一部分人当然是步行的，他们沿着中间车道危险的边缘苦苦跋涉，那种欣慰劲儿好像走了十五英里躲过了碰断胫骨的厄运一样。车子越小，拉车的牲畜越像老鼠，载的人也就越多越重；由于人人在腿上呵护着一包包在破报纸里像他本人那样大的干粮，那么在路边频频停顿，去埃普索姆沿途的小酒店（究竟有多少也不得而知）被密密层层、风尘仆仆的朝拜者团团围住，尽量为人和兽实实在在地加点油，也就不足为奇了。我说人，绝对没有排除女人的意思。德比赛马日的妇女大聚会可不是伦敦倾城而出的景象中最不引人注目的成分。人人都准备"寻欢作乐"，而女人比男人准备得更精彩、更坚决；要了解不列颠下层妇女的类别——并不是因为人们认为这种类别很大——再没有比这更好的机会了。正在讨论的女士通常是不注重修饰的。她有用、健壮、多产，极适合扮演英国文明的伟大规划分配给她的艰巨的角色，然而她没有那些使她能够轻易装点生活的风雅。在一些小的节日里——或者就在平常的工作日里——在伦敦群众里，我常想，她有一些特点有助于对不列颠男男女女的基本细描，如头部和肩部，因为整个民族通常只是对此粗笔勾勒一番。然而，在埃普索姆，她却太强壮、太热烈、太红、太渴、太闹、太奇装异服。然而我还是希望公平地对待她，所以我必须补充一句：如果在德比赛马日的粗俗的狂欢中，有什么东西让一个美国人情不自禁地表示赞赏的话，那么，没有理由能说明为什么这些衣着邋遢、狂饮作乐的女人不该得到一份赞誉。往返途中引人注目的事情，引人入胜的事情就是：这个节过得如此坦诚，如此开心，如此快乐。在所有的民族中只有这个民族平素被行为体统规范管束得最严，他们总算有一个快乐的日子可以解开那得体的紧身衣的扣子，确认他们对快乐人生的粗浅的感受了。在那样一种壮观的场面里，不可避免地有许多不尽如人意的现象；这些现象主要是在归程中出现的，那时候纪纲不振的现象达到无以复加的地步，那时候人们的性情真的开始撒野放肆。至于别的，穿着打扮粗俗花哨，口又渴，脸又红，无缘无故地大笑不止，一言以蔽之，尽情享受一个盛大节日——凡此种种，表现出那些更加多愁善感头脑简单的性别身上，都不算什么不可饶恕的罪行。

埃普索姆的跑马场本身就很漂亮，大自然有先见之明，跟那种体育热情意气相投，所以特意做了安排。这个跑马场就像没有山的一个火山口。外面的边缘正好就是马道；中间的空地是一片辽阔的、浅浅的草盆，里面停着车辆，拴着牲口，里面聚集着大部分人群——有江湖骗子，有赌徒，有各式各样凑热闹的人。刚才谈及的突起来的边缘的外缘被大大小小的看台、围场占领了。那天天气真是美极了，迷人的天空飘游着朵朵吊儿郎当的白云。埃普索姆丘陵延绵起伏，绿茵茵的，绝像是彩色体育画片中的景色。中景上林木葱茏的高地，一派率真的田园风光，仿佛从来没有见过警察或无赖似的。而遍布在这广袤的原野上的人群则是人们需要看的恬然自得的人生的丰富表现。如果你高高坐在一辆马车上，你到达后注定要做的第一件事就是看着马车以车夫本人最熟悉的手段被引导着穿过密密层层的车辆和行人，引进一块用绳子围起来不交费不准入内的场地，然后就沿着马道停下，尽量停在大看台和终点柱的对面。到了这里，你只消在你的座位上站起来——不错，要踮起脚尖，还要把脖子伸得长长的——才能把比赛看清楚。不过我得赶紧补充一句，看赛马是一种漫不经心的娱乐。首先，你不必专注它，其次——要当玩乐时的爱尔兰人——你觉得它不大值得一看。它的质量也许很高，但数量却微不足道。赛马和骑手先沿着跑道遛到起点上，看上去像洒下来的阳光一样虚无缥缈。然后就是长时间的等待，在此期间，在场的六万人中（这是我想象的数字），三万人断然宣称比赛已经开始，另外三万人则坚决否认。随后，六万人由于看见十二个骑手的小脑袋沿着遥远的天际线飕飕地飞驰，意见便突然达成了一致。说时迟，那时快，整个情景就展现在你的面前，有一刹那工夫，那种景象怎么说都可以，但绝对谈不上美。十二条胳膊疯狂地挥舞——绿的、白的、橘红的、大红的、粉红的——猛击着同样数量的拼命奔跑的坐骑的腹侧；刚瞟了一眼，壮观的场面就过去了。这种场面，对于埃普索姆的目标和德比赛马的兴趣而言，只是一个微不足道的部分。更使人心旌摇曳的也许在于这件事上有钱可赚。

当德比赛马奖被一匹马夺走时（我承认我蒙昧无知，竟然连马的名字都忘掉了），我便把背转向赛事，就好像我主要的"兴趣"是观看人群，并从这一方面寻找乐趣似的。人群非常活跃，这是我能做的最简洁的描绘。当然马匹已经从车辆上卸下来了，这样一来，行人就可以随便像浪涛般汹涌，冲向车轮，甚至在某种程度上攻占了车辆。当这一天的活动到了中间阶段，开始准备吃午饭，每辆车的车顶呈现出一片野餐景象时，上面说的那种倾向表现得最为明显。从此刻起，在德比赛马会上就出现了纪纲不振的局面。我能够观察到这种现象在我周围以最典型的形式表现出来。就刚才我谈到的那种因循古板而言，整个场面变成了真正的"暴跌"局势。衣衫比较寒酸的步行者挤在车辆周围，举目瞪视着那些幸运儿，因为他们高高在上，离天堂只有咫尺之遥，看了真叫人气恼——在那个境界，一盘盘龙虾色拉传来递去，香槟瓶塞像一个个流星划破天空。高跷上是黑人艺人，叫花子、江湖骗子和形形色色衣着璀璨夺目的人，还有吉卜赛妇女，装得尽可能地像，一双东方式的眼睛闪闪发亮，说话时总是把 h 音吞掉；你花上六个便士，后面这种人就会把生活中种种斯文的东西许诺给你，就是没有 h 这个音。就在我占有一席之地的那辆马车旁边停着一辆马车，车上一群阔少逐渐进入至福的高超境界，那股热情，使我油然而生敬羡之情。陪他们的是两三个通常分享英国阔少的最大欢乐的妙龄女郎——能使面容娇媚绝伦的手段这些女郎一样也不忽略。这帮人一直在开怀痛饮，其中一名阔少，是个二十岁的英俊小伙子，他一时忘乎所以，虽然尽力保持平衡，可还是栽到了地上。事实证明他过于贪杯，所以他一头栽了下来，还打了个滚。说明白一点，他喝得烂醉。吸引我的注意力的则是接下来的那种场面。车顶上的同伴们冲着聚在车轮下面的人喊叫，叫他们把他扶起来，搁到场内去。这些人都是乌合之众，个个蓬头垢面，有两个看样子像没活干的煤炭装卸工，他们便开始处置这个倒霉的小伙。然而他们的任务却非常艰巨，真想象不出还有比他更加烂醉如泥的年轻人了。他完全成了一个酒囊——又重又软，根本扶不起来。他躺在众人的脚下成了一摊烂泥，大家毫无办法——这是英国全国上下烂醉透顶的青年。他的两位临时内侍把他扶过来又扶过去，可他干脆就像筛子里的水。人们把他推来操去，人人都想看看热闹；大家把他拖的拖，推的推，瞎抓乱摸。这种场景还有离奇可笑的一面，这种情况似乎激起了这个青年的同伴的兴趣。他们还没有吃完午饭，所以尽管这件事极其滑稽可笑，他们还顾不上全心全意地去关照此事。不过他们还是尽力而为了。在接下来半个钟头里他们手里端着酒杯，频频向下观望，而且既不吝惜自己豪放欢乐的笑声，也不保留自己由衷赞赏的评语。据说女人没有幽默感，然而这几个面容娇媚的妙龄女郎却充分享受到了这种场面的风趣。临了，他们的注意力大大减弱了，因为哪怕是最精彩的笑料，重复多次也就黯然失色了，而当你看见一个昏昏沉沉的青年，浑身是土，多次从两个笨笨的粗汉怀里溜出来，你以为你已经到达了滑稽可笑的极限，也是很有道理的。

大赛跑完后，我从自己高高在上的座位上下来，下午剩下的时间我就在已经提到的那个草盆周围转悠。这里有趣而别致，正好是一片巨大的吉卜赛人的营地。这里也停着许许多多的马车，它们也以类似的方式装载着大手大脚的小伙子和年轻的金发女郎。这些年轻女郎几乎是故作高雅的女性的唯一代表，她们往往都打扮得漂漂亮亮，而且总是欢天喜地。男士们成对骑到凳子上，穿着古怪的运动服，随意对列在名单上的骑手下赌，这是场面上一个引人注目的特色。同样触目的是他们并不是在沙漠里布道，他们倒是在低俗的一类人里找到了不少知音。我按时回到自己的座位上，正好赶上看启程回伦敦的错综复杂的准备活动。在极度拥挤混乱的总局面下套好马匹，再把那么多的车辆排好队，似乎光靠当事人的恣意谩骂解决不了什么问题。不过我们一步一步总算把该办的办完了，到这时候一种轻松愉快的气氛弥漫在上层——即马鞭垂直的区域——就是那些最叫人耐不住性子的停歇在某种程度上也得为欢乐助兴。下面的人要注意不要被踩死，或者被夹在轮毂中间挤成肉饼，不过要做到这一点全靠他们去想办法了。上面，已经开始"逗乐"狂欢了，随着车辆越来越密集，狂欢也越来越深入。当车辆完全聚在一起的时候（在挨得最紧的地方，总有行人充当舒适的衬垫），它们就想办法一起移动；这样一来，我们一步一步离开，上了大道。在路上耗四五个钟头只不过是调笑斗嘴而已，那种妙趣横生、兴高采烈的气氛总的来说肯定是扣人心弦的。这种逗乐既不精彩，也不俏皮，也不格外高雅；在很多地方是醉酒后前言不搭后语的扯淡，甚至根本听不明白。然而作为一种我刚才说到的解开通行的紧身衣扣子的表现，它仍有其健康甚至率真的一面。它确实往往具有一种胡搅蛮缠的外形，它追求使用射豆枪和喷水枪时的着力。就是在最好的情况下，也是极其低级粗俗的。然而，即便是一个情趣极为高雅的外邦人也乐意瞟一眼这种大众狂欢的景象，因为这使他感到他在进一步了解关于英国人民的东西。昔日有快乐的英格兰之说，它就给这一说法提供了一层含义，这也提醒外邦人：这个国家的国民易受一些轻松的人类冲动的驱使，而伦敦住宅区街道上的那种体面昏暗的景象——以萨克雷的贝克街为典型的那些出言谨慎的文学创造——并不是树立这些景象的这个复杂种族的一个全面的象征。

Ⅱ

我接到邀请去牛津大学参加校庆，而代表他的学院盛情邀请我的那位先生就与这次盛大的庆典有关，因此我深感荣幸，甚至有些受宠若惊，迫不及待地想向他致谢——所以就前去恭候他。前几年我曾有机会一瞥牛津的容颜，但我从未在面临绿草如茵的院落、跟一座中世纪钟楼相对的光线昏暗的房间里留宿过。我到牛津的那个夜晚却有幸得到这种满足，我被安排在一名暂时离校的学生的一套房间里。我坐在他深深的安乐椅里，我点着他的蜡烛，读着他的书，所以特此对他深表感激之情。就寝之前我在街道上转了一圈，前些年那些寂静的学院门面赋予街道的魅力给我留下了深刻的印象，如今在静默的黑暗中又旧景重温。学院的门面现在比以往更加安静，街道上空无一人，这座古老的学者城在温暖的星光下酣睡着。学院领导不赞成本科生参加校庆，因此，便极力鼓动他们纷纷离校。尽管打发走了许多年轻学子，但总有一些留下来，足以代表各种声音。为筹备一次庄严的庆典，首先要尽可能多地把演员撵走，再没有比这一惊人之举更能表明牛津大学的足智多谋了。

次日清晨，我与一位美国青年共进早餐，他和他的许多同胞一样到这里来是寻求进修的刺激的。我不知道他是否把几个率真的青年的谈话就看成那种刺激，因为我总是发现那些农家子弟的社会非常迷人。不过，按照我的观点，就这个地方而言，这种谈话是增强了它的个性的。款待之后，我和一群女士和长者，其中也夹杂着学生，前往谢尔登剧院古老的圆形大厅，由于那里有一些高置在石柱上的武士、贤哲的雕技拙劣的头像，头像上的环带很是古怪，所以凡是来过牛津的人，都会记住这个地方的。这座建筑物里面则是典型的喧闹、跺脚、嘘叫的场面，本科生就以这种方式把最后的祝圣词献给前来接受民法博士荣誉学位的才华出众的先生们的。正是存心要尽量减弱这种音量，各个学院的头头脑脑在学期结束时，也就是校庆前几天，把他们太爱出风头的弟子赶快打发回家。尽管如此，我已经暗示过，粗野的队伍在这种场合还是人数众多，足以维持喧闹的典型。这就把场景搞得非常奇特。当然一个美国人，由于崇尚古风，喜爱别致，由于对历史的圣坛"情"有独钟，所以对于牛津要比有时候爱斗气使性的常客对它敬重得多。这些常客不见得总是趾高气扬，不见得总处在一种神经过敏的境地。然而，他们跟美丽的环境对着干是有一定的限度的，心醉神迷的局外人还是希望不要超越为妙。局外人事先就是绞尽脑汁也想象不到一座年高德劭的学术殿堂会跟被人小瞧时的鲍里 ① 剧院不分伯仲。

像牛津的每一样东西一样，谢尔登剧院多少都有纪念意义。那里有一排双层楼座，精雕细刻的布道坛从那里突出来；那里有国王和名流的全身画像；那里有古老庄严的整体氛围，在我说及的这种场合，由于一些身穿红袍的老学者坐在高背椅上，那种气氛更加隆重。我相信，本科生原先是分开站着的——挤在楼座的一角上。然而现在他们散布在一般观众之间，有很多观众还是女士，他们作为一支特殊队伍集合在剧院的地板上，因为座椅都被撤去了。在这里，最后要授予学位的民法博士穿着红袍排成单行步入剧院，把挤得密密实实的人群分为两半，这一列人前有持权杖者引导，又有民法钦定讲座教授作陪，这位教授用一席充满溢美之词的拉丁语把他们一一介绍给大学副校长。在 1877 年被授予这一殊荣的那五名先生并不在那些名声最为显赫的要人之列。然而在他们身着荣袍俯首有度的站立的姿势中有某种"美丽如画"的东西，而衣着同样引人注目的致辞者则声如洪钟向坐在高背椅上的年高德劭的权威唱读他们的学衔。简短致辞之后，他们便一一登上台阶向主席台走去；副校长欠身握手，于是新的民法博士便过去坐在那排红着脸的博士

---

① 纽约一个充斥廉价店铺、酒馆的街道。

同行之列。这种礼仪的庄重威严却被"学生"的喧闹行径冲淡了许多，因为他们的掌声太长太响，他们对致辞人的拉丁文讲话无理诘问、肆意诋毁。关于我刚刚描述过的这段插曲前面的一幕，我没有记载；要惟妙惟肖地加以描绘谈何容易。就像德比赛马会归来的一幕一样，那是一种"逗笑"的狂欢；而学子的盛典竟然使我不禁联想到大众的"作乐"，这真是咄咄怪事。在两种情况下，享受一定破格自由的都是同一个民族；在崇尚开明教育的年轻学子和埃普索姆大路上的伦敦乌合之众身上都有同一种欢乐情绪，同一种雄浑的诙谐。

博士授衔仪式结束后，就是一系列大学生的活动，这在全世界都一脉相承，如出一辙：高声朗读拉丁文诗歌和英语文章，滔滔不绝地诵读夺标诗歌和希腊文释义。只有夺标诗，人们还能注意听一听，别的项目招来的则是各式各样随口迸出的品头论足。然而，当仪式结束时，我暗自思量，这种喧闹成分居然比表面现象更有特色；归根到底，它只不过是牛津大学年高德劭、历史悠久的一面的又一种表现形式而已。它之所以被容忍，因为它是传统性的；它之所以有可能，因为它是经典性的。按这种观点看，它跟别的一切都要涉及的人类的过去一起传奇式地绵延相继。

我们离开谢尔登剧院后，我还目睹了一个庆典，关于它我不必寻找巧妙的借口再加褒扬。这是某一学院的午餐会。如果能住在这个学院里，那将是我最大的荣幸，对它我就再不细讲了。或许我还可以更进一步说说我梦寐以求这种荣幸的原因：那就是这种特权被有改革思想的人们认为是一系列滥用当中最堂皇的滥用。议会最近委任了一个净化大学的委员会调查此事——这个委员会配备了一把硕大无朋的扫帚，要把爬满常春藤、布满蜘蛛网的古老细微的不端举措一扫而光。进行这些正义的改革之前，当你正在进行——正在进行，也就是说，赞赏牛津的工作的时候，你宁肯投身到这种滥用中去，抢在玫瑰被摘掉之前，把鼻孔贴到玫瑰上。现在讲的这所学院里没有本科生。想到这些灰绿色的回廊没有派自己的代表去参加我刚刚离开的那种粗鄙的集会，我觉得是件令人高兴的事情。这块宜人的地方只是为了满足一小撮研究员而存在的，这些研究员没有乏味的指导工作好做，没有吵吵闹闹的小青年好管，除了自己的文化专业，没有任何义务，除了为学术而学术，为真理而真理，什么都不关心，所以他们也许是世界上最幸福最迷人的人。应邀出席午餐会的一行人先聚集在学院图书馆里，那是一幢极长、极高、凉爽、灰色的大厅，沿着广阔的墙壁是五彩缤纷的图书，中间还摆着伟大学者的雕像。那些迷人的学者除了翻翻这些珍贵的图书，然后一起在这些绿草如茵的庭院里溜达溜达，以学术同仁的关系，探讨书中宝贵的资料，除此而外，还有什么更不尽如人意的事可做呢？显然没有，如果有，那就是在学院餐厅参加校庆午餐会。午餐备好以后，进餐的队列十分壮观。身穿红袍的饱学之士和珠光宝气的女士们成双成对，步履款款，庄严地按照一条对角线，走过院落美丽光洁的草坪，到一个角落里穿过一个殷勤迎人的门。然而在这里，我们就跨过了清静的门槛，在当天其余的时间里我一直待在更加清静的那边。然而，我带回来了对它的记忆，要不是篇幅有限，我还应当努力素描出一幅轮廓：回忆另外一所学院美丽花园里的盛大的游园会——迷人的草地，亭亭如盖的树木，近卫步兵第一团的音乐，条纹帐篷里的冰淇淋，青年学生和美貌姑娘脉脉调情；还可以回忆公共休息室里非正式的宴会，极其得体的美味佳肴；墙上古老的画像，对着古老的庭院而开的高大的窗户，庭院里，午后的天光悄然无声地渐渐消失；对热门话题的高谈阔论，到处都是牛津特有的气氛——只关心一种机制所确保的精神问题的自由空气，而感受这种空气本身就是一种满足。

在沃里克郡

    对于一个想了解一点英格兰风情的外邦人来说，要"切中事理"，再没有比在沃里克郡待两个礼拜更好的办法了。那是这个英格兰世界的核心，是中央英格兰，不折不扣的英格兰。这个地方已经给我讲了英格兰的大量秘密，我一直在采访田园牧歌式的不列颠的传统。从一片迷人的草地上——一片对有感觉的鞋底来说有滋有味的草地上——我放眼眺望一团阴沉、柔和、富有浪漫色彩的景致，它的轮廓被铺天盖地的常春藤涂得模模糊糊。这是一幅完美的图画，前景上，巨树的枝杈从左右弯成拱形，给画面提供了一个壮丽的画框。这幅画有趣的实物便是凯尼尔沃思城堡。城堡不远，步行一段路就可到达，然而人们很少想到要走到那儿去，就像人们很少想到要走到一幅贝尔赫姆①或一幅克劳德②画的背景为紫气氤氲的高塔那儿去一样。这儿也紫气氤氲，缓慢变换的光线有一个色调柔和林木葱茏的乡村做中景。

    当然，我还是走到城堡那儿去了。当然，这条路少不了要穿过

---

① 贝尔赫姆（1620—1683），荷兰风景画家。
② 克劳德·洛兰（1600—1682），法国风景画家。

林荫小道，要经过那些为一大片一大片草坪构成一道纠结的屏风的树篱。当然，我还得补充一点，在堡墙外面有一排老年小贩在叫卖定价两便士的小册子和图片。当然，上面耸立着遗址的草丘脚下有五六个酒店，当然，总有五六个酒鬼在湿润的阳光下趴在草地上。有那位普通的良家少妇打开城堡门收取普通的六便士的参观费。有那些普通的方块硬纸图片悬在庄严的墙面上，上面另外罗列着二、三、四便士不等的价格。我提及这些东西并不是吹毛求疵，因为凯尼尔沃思是一头非常驯顺的狮子——这头狮子，在前几年里，我摸过不止一次了。我清楚地记得我初访这个浪漫景点时的情景，我怎样碰上了一次野餐，我怎样碰翻了啤酒瓶，这座美丽的遗址的回声似乎把所有的 h 音都吞掉了。那一回是一个炎热的下午，我情绪低沉，耷拉着脑袋离开了。这一回却是一个美丽清爽的早晨，在此期间，我已经变得非常达观。我已经得知：英格兰大部分具有浪漫色彩的地方，总有一种伦敦的土腔土调，对此你必须予以重视。你眼前的田野上总有人，房舍里一般都有喝的。

在我现在要讲的那一回，我希望进攻不要太猛烈，的确，在开头的五分钟里，我还沾沾自喜，以为情况的确如此。我一进去，在城堡绿草如茵的美丽的庭院里，只有八九个入侵者。一条长凳上坐着两个老太太，吃着从报纸包里拿出的什么东西；另一条长凳上有一名不顺从国教的牧师，给他的妻子和小姨子朗读旅游指南；三四个孩子在草地上你推我搡，在草丘上爬上跑下。这确实是个幽静去处；我先参观了那座庄严高大建筑物具有方窗的各种宏伟的遗迹，从而有了一个绝好的开端。这些遗迹气势恢宏，具有均匀的淡红的颜色、翠绿的褶饰、宏伟壮阔的规模。然而，过了不久，这静穆的遗迹便像捅了一下的蜂窝一样拥挤起来。要是人们愿意露面，那就游人如市。他们从破门洞里，从张着大口的房间里理直气壮地涌现出来；不过我不知道我到底为什么要对他们怨气冲天，其实他们倒是给了我一个借口，东游西逛想寻找一个安静的观察点。我不能说我找到了自己的观察点，不过就在找的过程中我看见了那座城堡，它无疑是一座令人赞叹的遗迹。当那位良家少妇又让我出了大门时，我对那些排成一条小道迎送游客、谈吐文雅的小贩们只能摇摇头，我在那遭人践踏的草坡上勾留片刻，心想尽管有这些叫卖小贩，有贫民和酒店，在这种景象中仍有大量老英格兰的风情，我发现我这种做法倒还很投合我的好性情。我说尽管有这些东西，但是兴许在某种程度上还就是因为有了它们。这个丰富多彩、错综复杂的英格兰世界，现在人们在那里看见的好像总是侧影，过去却呈现出一幅全貌，那么谁会把它的印象拆成一个个零件呢？无论如何，那坚固的红色城堡屹立在我的身后，高高地耸立在它那些小老太太和寻根究底的牧师之上；我的眼前，是一排在一片公地那边的古老的村舍，黑梁木、红山墙，充满诗情画意，它们显然记得城堡昔日的辉煌。一座古色古香的村庄零零落落散布在右边，左边那片幽暗肥美的草地由于点缀着斑斑驳驳的雾蒙蒙的太阳照到的亮点，吃草的羊群，变得豁然开朗。我举目四望，寻找村里的足迹。我倒乐意把那些现代流浪汉看成莎士比亚戏剧中的小丑，我还真想走进一家

酒馆向快嘴桂嫂 ① 要一杯萨克葡萄酒。

　　然而，我开始说些话的时候，并不想议论这个地区非常丰富的著名奇观，倒是想记一下对于这种景观的一些较为隐蔽、更难捉摸的装点物的印象。斯特拉特福当然是一块圣地，但我倒想讲一讲好多英里之外的一座迷人的老教区长的住所，提一提在一个夏日的午后，它在一次家庭纪念活动中展现出的快乐的画面。在一个外邦人对英格兰生活的记忆中，这些是最快乐的，他觉得他不必因为揭起了幕布的一角而道歉。我坐车穿过刚刚提到的那些林荫小道，目光越过树篱向田野里张望，那里的庄稼黄澄澄的，等待着收割。有些地方已经割过了，西天开始红霞万道；在路旁的浓密的枝叶后面射出平光时，东一个西一个的拾穗人肩上扛着大镰刀从树篱的豁口里挤过来。教区长的住所是一座古老的带山墙的建筑物，由浅红砖砌成，白石饰面，爬藤把整个建筑裹了起来。我想，它是汉诺威时代初期建成的。它竖立在软垫似的草坪上，周围是井然有序的花园，跟它的诺曼式小教堂对面而立，我觉得它好像是一所安静、宽敞、舒适的英格兰家宅的样板。我所谓的那片软垫似的草坪，一直延伸到一条小河边上，给许多和蔼可亲的人提供了一个打草地网球的场所。有五六场比赛在同时进行，而每一场球赛总有他们英格兰人所说的"漂亮的姑娘们"大出风头。这些小姐们打起球来动作灵活，完全可以和打板球的姐妹和情人们媲美，所以她们倒是给了我一个

---

　　① 莎士比亚历史剧《亨利四世》中开设在依斯特溪泊的野猪头酒店的主妇。

机会欣赏她们柔韧的身材和潇洒的动作。她们打完球回到屋里来时，脸色有点绯红，头发略显零乱，有可能被人当作追猎过后又聚在一起的月神的侍女们。她们还真有机会带上箭囊，因为草坪上就竖立着射箭的靶子。我想起了乔治·艾略特的格温多琳①，等着看她从这个女儿帮中走出来。然而她不是随随便便就能来的，显然，要是格温多琳的时代就已经发明了草地网球，那么这位小姐就会以她的球拍绝技俘获格朗古先生的。她肯定是一名网球健将，如果这种想法还不算太粗俗的话，那么她从球赛中学到的那种机敏可能就是她打难以容忍的德龙达的耳光的诱因。

过了一会儿，天色太暗，无法打网球了；趁暮色微茫之际我信步走出那迷人的牧师寓所的庭园，拐进了旁边小小的教堂墓地。这座风吹日晒、呈铁锈色的小教堂有一派古趣盎然的风貌；半圆形圣坛里有几个奇异的诺曼式窗户。不幸的是我进不去，我只能越过一个木料古旧、顶盖沉重的上了锁的门廊的空隙向那开着的门里窥探。然而黄昏甜美的宁静笼罩着这个去处，在白嘴乌鸦栖息的一排黑糊糊的榆树后面，夕阳正红。三四个农家小孩，轻呼小叫着，在东倒西歪、埋得很深的墓碑中间嬉戏，宁静似乎越发深沉。一个可怜的小姑娘，身子好像有点儿畸形，已经爬到几级台阶上面。那些台阶是一个中世纪模样的高大的十字架的基座。她像只鸟似的蹲在

---

① 格温多琳是乔治·艾略特的小说《丹尼尔·德龙达》的女主人公。她为了使自己和母亲摆脱贫困嫁给了刚愎自用、有钱有地位的格朗古。德龙达是个心地高尚的犹太裔青年，格温多琳一直对他怀有爱心。

那儿透过薄暮凝视着我。没有错，这是英格兰的心脏；这也许就是她的命运之轮旋转的轮轴。一个人不一定要当个狂热的圣公会教徒才能深切地感受到一座英格兰乡村教堂的迷人之处——实际上还能感受到一个英格兰农村礼拜天的一些特色。在伦敦过礼拜天有一种乏味的感觉，可是在农村，伴随礼拜日的一些仪式跟古老的田园风光有一种说不清的和谐。有一次活动我产生了这种想法，那一次活动我至今记忆犹新。我暗自思忖，在一个可爱的夏日的午后，从一座美丽的山庄步行去教堂也许是一次美不胜收的历险。山庄雄踞在岩石基座上面，从窗户和露台上望去长满树木的草地上有一个林木更加葱茏的去处，从那里露出的一个塔尖的钝端说明了它的性质。三五成群的人们的楚楚衣冠就表明他们的文明程度极高，他们蜿蜒而下，穿过群芳斗艳的花园，从两三个小门里出去，走到田野里的小路上。下面这些景象尤其能勾起一个触景生情的外邦人的无限遐想：平坦翠绿的草地上东一棵西一棵地点缀着粗壮的橡树，小路上青草更密，经过那睡莲覆盖的池塘，那粗糙的台阶，他可以在此驻足回顾那所大宅和它林木掩映的背景。极有可能，他会有幸与一位漂亮的姑娘一起走去，他肯定把一位漂亮的英格兰姑娘看成使小伙子神魂颠倒的那种人。他知道她是不知道他们俩这么一起走着是多么动人，走这样的路——或者走同样的另外一条路——二十年来她时时都在走。然而她那懵然无知的样子只能使他觉得更加开心。那开心的角色继续扮演着，而他们已经来到了小小的教堂墓地，走上了那古老的门廊，门廊周围站着那些面色红润的乡下人，体体面面、恭恭敬敬望着这一行更加整洁的人到来。这一行人在一个四四方方的大包厢里落座，包厢就像一间小屋子那么大，周围摆着座位，这位意气相投的外邦人耳朵倾听着人们唱得不错的圣歌，眼睛浏览着他面前墙上的碑文，这些碑文都是赞颂某一姓氏的先人的，而这一姓氏在他看来就是殷勤好客的象征。

　　当我回到牧师的住所时，这一开心的活动已经转移到室内了，于是我就有了机会欣赏这些漂亮姑娘的少女的活力，她们打了整整一个下午的网球，这时正不急不躁地等着跳整整一个晚上的舞。就此事而言，如果说一个美国人从这种类别的任何一批英格兰青年——不过最好还是在宁静的乡村家庭里生活的那种人——从那里得到一种他可以描述为有利身心健康的东西的美好印象，那也不算信口雌黄。他注视着一张又一张面孔，脸色红润，绝无病容——这种单纯、自然，充满爱心的发育成长——就等于健康美。如果那位小姐没有别的美可言，我说到的那种神情本身就是一种魅力；如果把这种神情像经常所做的那样，与容貌、肤色的真正完美结合在一起，其结果便是天地间最赏心悦目的景象。这就形成了英格兰美的极致，在我的心目中，再没有如此令人满足的高雅的美了。前不久，我听见一位聪明的外国人同一位英格兰女士倾心交谈，这位女士是一位慧眼独具、思想开明的女人，而那个外国人对她的女同胞进行了一点有针对性的批评。"这有可能，"她针对他的一种反对意见回答说，"不过尽管如此，她们对自己的丈夫却是好得不得了。"全世界的贤惠妻子无疑都是这样，然而当我听朋友的这番话时，却觉得在一张英格兰姑娘的面庞上往往有一些东西，给这张脸赋予了一种额外 justesse① 的情调。这位女人尽管如此，她在这里比别的地方更明显地流露出一种神情：完全彻底地、毫无保留地为她所爱的那位男子服务。这种神情，当一个人在英格兰待了一段时光以后，似乎成了一张"漂亮"面孔上不可或缺的一部分，缺了它，倒显得有些儿急躁或者浅薄。对男性吸引力的隐性反应——这才是它的意思，一个人必须把这一点看成一种非常令人欣慰的意思。

　　说到漂亮，面对着一种新鲜的回忆，我禁不住要给它换一个字眼。然而，在漂亮面前，字眼又有多少用处呢？最近有一天，有一位少女站在一间古老的橡木客厅里，客厅粗糙的嵌板为她可爱的脑袋构成了一幅背景，她在跟一名英俊少年进行简单的交谈，我注视着那位少女时，心里便浮现出了上面那样一个问题。我心想，英格兰青年的面庞往往有一种完美迷人之处，然而这种迷人太温柔、太羞怯，是不可言传的。刚才说到的这位美人儿的面庞是纯粹的鹅蛋形，她的一对棕色的明眸有一种恬静的温馨。她的肤色像雨后的阳光那么明媚，她嫣然一笑的样子，使别的笑容都变成了一种浅薄的鬼脸——只不过是面部肌肉的抽搐而已。小伙子面对着她站着，慢慢地搔了搔一条大腿便把重心从一只脚移到了另一只脚上。他个儿很高，腰板笔直，脸膛晒得黑黝黝的，倒显得一头金发比脸色还要浅淡。他长着一双诚实憨厚的蓝眼睛，一抹单纯的微笑显露出一口

---

　　① 法语：准确。

漂亮的牙齿。他具有一种绅士的风度。不一会儿我听见了他们的谈话。"我想它挺大。"美丽的姑娘说。"不错，它是挺大。"英俊的小伙子说。"大了就越发漂亮。"对方说。小伙子用他慢慢地领会了意思的蓝眼睛望着她，也泛泛地望着每样东西，有好长时间，再也没有说一句话。"它吃了十英尺的水。"他最后又接着说。"现在有多少水嘛？"姑娘问，她说话的声音十分迷人。"有三十英尺的水。"小伙子说。"噢，那就够了。"少女又回答说。我有一种想法：他们这是在调情，说不定还真是这么回事呢。那是一间古屋，极其讨人喜欢；一切东西都油光锃亮，表现出几百年的棕黄色调。壁炉台的雕饰有一英尺厚，装彩色玻璃的窗户上有一对老祖宗的多种纹章。这种做法两百年前就已经停止了，从此以后屋子里再没添任何新东西。窗外是一条又深又宽的护城河，它冲刷着灰墙的墙基——灰墙上有斑斑驳驳的最细嫩的黄色苔藓。

在沃里克郡这样一种醇熟保守的地区，一个有欣赏眼力的美国人发现小事情和大事情一样耐人寻味。确实事事都耐人寻味，各种印象不断相互融合，发挥作用，他根本来不及问一问这些印象从何而来。他每走进一座隐没在树林中的小屋去看望一位和蔼的贵妇和一个"漂亮的姑娘"时，几乎总要想起《阿林顿的小屋》[①]。为什么偏偏会想到《阿林顿的小屋》呢？有女士们前来赴宴的一座大宅

---

① 英国小说家特罗洛普（1815—1882）的一本小说。莉莉·戴尔和克罗斯比相恋并订了婚，但自私的克罗斯比后来却与另一位富有的女士结婚。莉莉从此未嫁。

子，然而那肯定是一个不够充分的理由。女士们个个迷人——这也算不上充足的理由，因为除了莉莉·戴尔，世界上漂亮姑娘还多的是，除了她的妈妈，也还有别的和蔼的夫人。然而，他就是想到了这本书——尤其当他来到了草坪上时。当然有草地网球，似乎一切做好了准备，等着克罗斯比先生来拿球拍呢。一个民族的成员一直受着必要的教育要做一些额外的贡献，面对英格兰生活，他们的想象总在纵横驰骋，所以以上只不过是这一方面的一个小小例子罢了。无论乘车还是步行，无论是目睹还是耳闻，事事都给人这样一种印象：在某种程度上这是个典型的富强、老式的社会。用不着别人告诉你这是一个保守的郡；这一事实好像就在树篱上，在树篱后面绿色的田亩上写得明明白白。当然，这些东西的主人是保守的；当然，他们硬是不愿看见他们业已建成的方便世界的和谐大厦有丝毫的动摇。当我四处转悠时，我倒是有这样一种感觉：远处，一座座华丽的古屋丛聚的山墙和烟囱零零落落耸立在它们装饰性的树林之上，我是应当找到一些仍然稳坐在那些古屋里的古老而又奇异的见解的。沉着冷静的不列颠保守党作风，用这种含糊和推测的方式——越过田野，翻过橡树林和山毛榉林——来看，决不是一件不负责任的外邦人希望消失的东西；它加深了那种气氛的色彩，可以说它就是那种景致的风格。对于那种保守主义在考文垂和沃里克这两座风景如画的古老城镇的表现，我有一种建设性的印象，因为这两座城镇好像充满了那种机构——主要是慈善性的——这些机构使深信不疑更加深信不疑了。这两处地方有的是古老的慈善机构——

医院、救济院、收容所、托儿所——个个都是那样古雅可敬，所以几乎使这种寄人篱下的生活变成了一种令人愉快和满足的思想。尤其在考文垂，我相信这些虔诚机构如此之多，简直到了助长个人灾难的程度。撇开这些惹人反感的随想不说，与这些古老慈善事业的笨拙的小建筑物相比，再没有多少东西能够更加古雅而含蓄地述说美国人所热爱的古老的英格兰的了。像沃里克的莱斯特医院这样一种机构，仿佛真是主要为了美国游客的观感而存在似的，美国游客，再加上那里有十来个生活在富足的环境里的害风湿病的老兵构成了它的主要 clientèle①。

美国游客通常直奔英格兰的这一地区，主要是为了拜谒莎士比亚的故居。一到这里，他就要来沃里克看看城堡；到了沃里克，他就来参观那座稀奇古怪、像个戏院似的小小的老战士收容所，收容所隐藏在一座旧城楼的阴影里。人人都会记得霍桑对这个地方的描述，它现在没有留下丝毫迷人的情趣，供人对有关它的记述提供补充。这个医院给我的感觉倒像一座小博物馆，专门是为了引起那些好追根究底的西方人的兴趣和困惑，因为他们已经习惯认为慈善机构的管理是枯燥而实际的。那些老住院人员——我始终弄不准他们是否一定是士兵，不过其中有几个恰巧就是——既是古董又是守院人。他们坐在门外的板凳上，就等于在海关上，全都刷洗干净、织补整齐，准备向你表示敬意。他们总共才十二个，然而他们别致的

---

① 法语：顾客，支持者。

住处凌驾在古城墙上，到处是灰暗的小院落，带着横梁的山墙头，深陷进去的格子式的门窗，所以倒像一台精心制造的机器，不屑于干卑贱的活计。每一位老者肯定都给配备了老婆或"女管家"，每一个都有自己的一个昏暗的客厅；他们在擦洗干净的自己的小收容所里安度晚年，其轻松与荣耀不亚于一群退休的立法官员或享受养老金的预言家。

在考文垂，我去参观了两个风格类似的老慈善机构，这几个地方都有木料发黑的门面，打扫得干干净净的庭院和伊丽莎白时代的窗户。有一处还是专让几个老太婆居住的情调浪漫的住所，老太婆各自坐在一间舒适的小闺房里，里面有一种中世纪时代的黑暗；另一处是为出身低贱的小男孩们办的学校，而后面这一个建筑倒挺迷人。我发现小孩子们在一个碎石铺的院子里正在玩"陀螺"，院子后面是座最漂亮的古老建筑，它的灰泥颜色柔和，梁木经过彩绘，还有两个小巧玲珑的廊台和一个古怪的门廊。孩子们身穿蓝色小紧身上衣、头戴奇怪的帽子，一副海员的打扮。不过，如果我没记错的话，他们身上还系着黄色的小胸牌。我尽情把学校逛了一遍，校园里连牧师和校长的影子都没有，只看见黄脑袋的小孩子们在古屋前玩耍，操的是地地道道的沃里克口音。我走进门去，打量着一个漂亮古老的橡木楼梯；我索性爬上楼梯，沿着一条走廊走去，并向一个宿舍里的一排短床窥视；然后我下来在一个阴森的小食堂里的一条凳子上坐了五分钟，那凳子简直不比一个栅栏的顶部横条宽，食堂里连一星面包屑都看不见，也闻不到开饭后的任何弥漫不散的气味。然而我不知道是怎么回事，那里似乎给人一种有多少代孩子在那里喂养的感觉。我想，这种感觉来自这个地方那种光秃秃的景象，和那种舐得一干二净的外观，如果允许我用这种说法的话。所以这里就呈现出一派杰克·斯普拉特和他老婆的那只家喻户晓的盘子的面貌①。

这就是莎士比亚出生的那个郡，这些青草茂密的草地和猎苑在他那沉思的眼睛看来只不过是自然的风景、绿色的世界画面，当然，一个多愁善感的游客难免要对此感慨万端。毫无疑问，在莎士比亚时代，大自然的外套远远不像现在修剪得这么漂亮。然而，还有一处地方，当游客在夏日的黄昏路过时，还要极力相信它未曾改变。当然我指的是查理考特猎苑，它那令人油然而生敬意的青翠似乎是英格兰早期的流风遗韵，它那不计其数的田亩在夕阳西下时延伸开去，一直到了依稀可见的都铎王朝的城墙。田亩躺在那里，就像向伊丽莎白时代逐渐退去的复返的岁月。然而，我说这番话，倒无意在这样一个观者如堵的圣祠前驻足；如果我提及斯特拉特福，那也与莎士比亚生于斯，永远长于斯的那个不可猜的谜似的麻烦事联系不上。我倒是想说说离艾冯河不远的那座惬意的古屋，我觉得它倒是一名莎士比亚学者

---

① 17世纪一首英国童谣唱道：

　　杰克·斯普拉特不吃肥，
　　他的老婆琼丝不吃瘦，
　　杰克和老婆凑到一起来，
　　盘子吃得净光不剩一星肉。

的理想之家，其实对任何一名莎士比亚的热烈崇拜者来说，也是一个理想的所在。这里由于有图书，有记忆中的印象，有反复出现的这么一种想法：他每天都要走过你从窗户里眺望的那座桥，沿着一条古树成荫的大道一直走去，古树的尽头有一个永远关闭着的大门，一片地毯似的草坪延伸过那条挺像回事的车道——我说，在这里，由于有壁板装饰的棕色的古屋好住，有磨光了的古老的门阶把你从一个屋子引向另一个屋子，有深深的窗座好坐，还可以腿上摆一个剧本，如果一个人把生活的烦忧已经转化为对再现和美化生活的最伟大的天才的热爱，那他就会找到一个非常可意的庇护所。或者把标准讲宽一点，那风格迷人、布局零乱、山墙低、楼梯多、嵌镶板的宅子对于任何一个喜爱古屋胜似新居的富有雅趣的人来说，都是一个惬意的家。我发现我像一个拍卖商一样议论它；不过我主要放在心上的是庆幸在那里吃了一顿午饭，我一边吃饭，一边思忖，世界上再没有比有幸参观英格兰古屋更大的乐事了。

还是那一天，在艾冯河畔，我不禁心里嘀咕：一幢新屋或许也是一件非常迷人的事儿。不过我必须补充一点，我所谈到的那幢新屋真是优越无比，因此不好把它放进这个范畴。况且，它到底算不算新呢？它一定是的，而它给人的印象完全是一种镀银的古玩。那座房子耸立在斯特拉特福一条挺不错的大路上，从路上看，它完全是一副平平常常的样子。然而，一个人如果在一间迷人的现代客厅稍坐片刻，再从一扇敞开的窗户信步走到一条游廊上，他就会发现那清晨造访的眼界神奇地拓宽。我不想对我离开游廊后看到的一切妄加详述，我只是说说那座有莎士比亚的坟墓，艾冯河水从地基下面流过的古老美丽的教堂，它的尖塔和高坛是映入眼帘的景物之一，这也就够了。另外，那里有世界上最平滑的草坪，它们一直铺展到这缓缓流动的河边，在河水碰到草坪的地方形成一条像香槟杯口一般齐边齐沿的线——这是一条边沿地带，你难免要在它附近流连，欣赏那排列有序的树木中的尖塔和高坛（因为教堂近在手边），并且寻找它们在河中的倒影。这地方真是一座快乐园，它是为莎士比亚的喜剧《第十二夜》或者《无事生非》搭成的一座舞台。一过河，就是一片平坦的草地，它跟我脚下的草坪完全可以平分秋色。由于遍地都有羊儿吃草，所以这片草地似乎是这片景色唯一的更不可或缺的组成部分。这些羊绝不仅仅就是人的盘中餐，它们还是富有诗意、具有历史价值和浪漫情调的羊；它们在那里不是为了显示它们的肉有多重，毛有多密，它们在那里是为了展示它们的存在和它们的综合价值，它们显然也知道这一点。然而，知道尽管知道，我仍然怀疑，那羊群中最睿智的老山羊是不是能够告诉我为什么草坪、河流、水中倒映的尖塔和群芳斗艳的花园绝妙的组合此时此刻对我来说是英格兰最丰富多彩的角落。

　　如果沃里克郡是莎士比亚的故乡，我发现自己也不回避这样一种认识：它也是乔治·艾略特的故乡。《亚当·比德》和《米德尔马契》的作者用另外一个名字称呼那些令人赞叹的小说中的乡村背景，然而我相信，她一直在有意表现她的故乡沃里克郡，这早已不是什么秘密了。一个外邦人只要一踏上它那永远铺开的天鹅绒般的土地，他就时时处处认出乔治·艾略特的小说的那些要素——尤其如果他神游四十年前的沃里克郡时。他心里思量：要构思什么比它更加集中，更加明确的东西——同样具有田园风光的东西——那是不可能的。正是在成百条树篱那边一座半隐半现的农舍里，海蒂·索雷尔①对着她的奶锅微笑，仿佛在寻找映在里面的她那漂亮的脸蛋儿；也正是在一条林荫大道的尽头，可怜的卡索邦夫人②踱来踱去，许许多多的问题云集心头。这个地区尤其反映出《米德尔马契》的社会景观和自然景观。那里有许多和蔼任性的布鲁克先生，且不管是不是有很多很多的陶乐西娅，但一定有很多很多詹姆斯·切塔姆爵士那种类型的眉目清秀、田产富裕的年轻乡绅，他骑马走过林荫小道时，还在挖空心思，想知道为什么一个聪明姑娘不想和他结婚。不过我怀疑是否有很多陶乐西娅。我倒是认为该郡的詹姆斯·切塔姆爵士们倒不是经常迫不得已进行那样的苦思冥想。不过，你觉得乔治·艾略特把她的女主人公安顿在一个最适合的气氛中，让她细腻的急躁表现得活灵活现的地方——一个最有可能对一名养尊处优的小姐的怀疑态度感到吃惊和困惑的社区里。

我在这一带度过了不少春风化雨般的日子，其中有一天我想大书特书。然而，当我搜索我的记忆时，我发现那些细节已经融入一种完全成熟了、文明的、单一深刻的印象中去了。那是一段长

———————————

① 乔治·艾略特的小说《亚当·比德》的女主人公。

② 《米德尔马契》的女主人公。出嫁前叫陶乐西娅·布鲁克。布鲁克先生是她的叔叔。詹姆斯·切塔姆爵士也是小说中的人物。

途游览，坐了火车又坐马车，为的是去看三座极其有趣的乡村古宅。我们的任务首先把我们领进了牛津郡，经过班伯里这座古老的集镇时，我们当然要特意寻访一下在脍炙人口的童谣中提到的十字架。它倒是原封不动地竖立在那儿——尽管我担心它已经"完蛋了"——周围是形形色色的古老的山墙，山墙上有极少的几个窗户，歌谣里深受感染的那个年轻人在那位老太婆乘车而过时，也许从一扇窗户里望着她，并听见了她的车铃丁当。我们去参观的房子并不是驰名全国的，它们只不过是英格兰中部丰富多彩的图案中的几个交织的图像而已。它们在当地很有名气，但并不被看作是绝无仅有的，更不要说有什么反常的表现了，而外邦人则有这么一种感觉：他的惊讶和沉醉正好在他这一方面暴露出一种空背景的存在。那种地方，在一个有良好习惯的沃里克人的心目中，一定是上天规定的事物秩序的一个支柱。因此，在一块得天独厚的土地上，它们就像该郡的地质状况或者羊肉的供应一样自然。事实上，我说到的这些突出的样板，竟然名声有限，竟然还不是第一流的名胜，在这一类事情上，没有任何东西能再给一个外邦人留下更深的印象了：英格兰乃天赋之国，它的地方性家居建筑无穷无尽。其中有一处，是那一群建筑中最优秀的，我的一个游伴仅住在二十英里之外，却听都没有听说过它。那种地方并没有被人想到是吹嘘本地的资本。它的兄弟姊妹遍布全国，其中有一半在该郡的旅游指南中压根儿就只字不提。你无论坐车还是步行，往往会碰上这种建筑。你会在某片广阔的田亩中央瞥见一个挂满常春藤的房屋的正面，你会在宅门口得到一位神情严肃的老太太的许可，沿着一条林荫夹道的大路走去，你就发现自己不知不觉间进了一幢大厦，它不仅美丽，而且富有人情味，一时间好像它把艺术和道德融为一体了。

对于这一群美丽的建筑中最先看到的一座布劳顿城堡，我只能一笔带过，但这并不是因为我不认为它是英格兰最惬意的住所，我认为我在这里看到的每一座住宅莫不如此。它坐落的位置相当低，它拥有的树林和牧场都形成一个慢坡向它倾斜过去；它周围有一条又深又清的护城河，河上有一座桥从一座迷人的古门楼下穿过；它那集结在一起的棕黄色石墙，触目地耸立在河水中央，像一座孤岛，河那边是群芳竞放的花园，再没有比看见这种景象更加沁人心脾的了。像这一带别的住宅一样，布劳顿城堡在内战中也尽了一份力（站在议会一边），而克伦威尔驻军时的几件纪念品也不是它美丽的内部最无趣的特点。正是在离这里不太远的地方，1642年打了一场埃奇丘陵战役——内战中的第一场大仗——双方却不分胜负。我们去参观战场，那里建起了一座古楼和一座人造遗址（世间竟然有这种怪事）是专门供寻欢作乐的游客们开心的。这些点缀凌驾在一个向上延伸有一英里的斜坡边上，在那里可以把战斗的全景一览无余。我朝着指点的方向望去，看见雾蒙蒙的草地也许比平常绿一点，一行行榆树也更加密一些。然后，我们又拜访了另外一座古宅，那里充满了对英格兰历史上最富有戏剧性的时期的回忆和联想。然而对于康普顿·温奈厄茨（这座迷人的去处的名字）我不期待自己能提供任何清晰恰切的描述。它是北安普敦侯爵的房产，一年到头无人居住。它坐落在一条林木葱茏的谷底的草地上，一片美不胜收的老猎苑里有一条条小道蜿蜒曲折向上绕去。当我从一条又短又陡但气势不凡的大道出来，走到那座屋前时，我暗自思量，在这儿我们可算是到了那常春藤掩映的砖房、风雨剥蚀的山墙、有灵性的古窗、青苔丛生的屋顶所能完成的美景的极致了。再想象不出比这更加完美的图画了。它那孤芳自赏、怀才不遇的幽怨神气坠入草谷，被周围的树木与世隔绝、锁入过去，一副明珠暗投的神气——凡此种种，都把印象刻画得入木三分。这幢房屋并不像名宅那样十分宏大，我说过，它坐落在草地上，大路终止了以后，竟然没有一条石板路或者一条人行小径把你引向那美丽无比、精雕细刻的门口，让你进入那小巧古雅的里院。一进这个院子，你就可以由着性儿穿过一连串迂回曲折得无以复加的橡木厅堂和房间，那里装潢着珍贵的古壁板、精致的门和壁炉台。在外面，你可以在一条草堤上绕着屋子流连，草堤隆起在房屋耸立的平地上面，你可以发现无论从哪一个角度看，它都是一件更加迷人的作品。我不应忽略，必须一提的是，人们认为司各特在描写《伍德斯托克》里的老保皇派骑士的住宅时，他心目中的蓝本就是康普顿·温奈厄茨。在描写时，他仅仅是把这幢屋子转移到该郡的另一头而已。他确实表现出了这个地方的好多特点，但没有表现出人们不妨称之为色彩的东西。我必须补充一句，要是瓦尔特爵士都无法表现康普顿·温奈厄茨的色彩，别的作家想尝试也纯属徒劳。这件事只能由画笔描绘，文笔却无法记述。

我们最后参观的是罗克斯顿修道院，我们是在浓浓的暮色中走到它那常春藤蒙着的宏伟的脸面前的，它使人不知如何精确表现，从而造成了精神负担，那么我对它的色彩该说些什么呢？罗克斯顿修道院实际上是一所住宅，年代跟康普顿·温奈厄茨相仿——我想是 16 世纪晚期。然而它却是另外一种情况。这个地方有人居住，有人"维护"，充满了最动人、最灿烂的细微之处。然而它的幸福的住户幸好当时不在那里（在英格兰，幸福的住户几乎总不在家）于是这幢房子表现出一种跟它的优点相媲美的礼貌让人参观。在物质方面能使生活高尚、迷人的东西一应俱全，其丰富的程度足以让整座房屋变成一座追忆过去的纪念馆。当我信步从一个豪华房间走到另一个房间，注视着这些东西时，内心深处加强了对我刚才提到的那种浪漫意识的无情召唤。那个历险者真的遇上这种机会——在一所英格兰乡村古宅里优哉游哉，而暮色已经笼罩了那些富有表情的房间的每个角落，而此情此景的受害者，伫立在窗前，把他的目光从一位英俊祖先的观察入微的面部肖像上移开，看见草坪轻柔的巨浪融入远处的猎苑，然而此时此刻，谁又能讲得清那种浪漫意识的故事呢？

修道院和城堡

　　来到英格兰的外邦人常有这样的看法，这个国家的美丽和趣味就是私有财产，要深入进去总需要一把钥匙。这钥匙可大可小，但它必须能打开一把锁。在这些引人入胜的环境里，能使一个美国观察者感到快乐的事物当中，超出这种私有财产界限的，我能想到的则寥寥无几。既然我已经提过树篱和教堂，那我就几乎穷尽了这个清单。你可以在公路上欣赏树篱，我想即使你是个不信奉国教的人，你也可以从街上欣赏一座诺曼式修道院。因此如果你谈论英格兰的什么美丽的东西，可以推定那就是私有财产；我对这可爱的国家赞赏不已，所以我不禁想说，如果你谈论什么私有东西，可以推定那就是美丽的。这是一种属于二难推理的问题。当观察者让自己去怀念那些迷人的印象时，他便有把友谊和好客的成果公之于众的危险。话又说回来，当他把自己的印象秘而不宣时，他是让一些美好的东西悄悄溜走，不留痕迹，也没有向它表示适当的敬意。他最后就把谨慎和热情合成一体了，而且心想，既然每提及这个国家的一样珍宝都要不言而喻地涉及自己受到的某种关照，那么谈论这些珍宝对这个国家来说，也就不算冒昧无礼了。

在写这几行时，我脑海中的印象是英格兰一个我以前根本没有见过的地方。我有一位朋友生活在那里，对该地了如指掌，情有独钟，他直率地说道："我确信这是世界上最可爱的地方！"我在那里住过一两天后，发现自己由衷地赞同他这种说法。这并不是一个不容争辩的定论，而当我在那一个地区的时候，我完全赞同他的观点。觉得很容易我就会喜欢上它的，就像那位朋友喜欢它一样，因为我隐隐约约感受到了这样一个地区所激起的那种浪漫热情。它是代表英国景致的那种浓烈特色的一个范例。那里没有无用的细节，景色中样样都是特别的东西——都有一段历史，都扮演过某个角色，都会引发人的遐想。那是一个山峦起伏，蓝绿蓝绿的地区。尽管没有一座高山，但一个个都富有情趣——就如同一处古老的小乡村里的那些景致那样富有情趣，而那些景致则经过了一种精心的调整，也就是某种使人联想到轮廓和色彩被时间之手润饰、升华的东西。即使不算它的城堡和教堂这些时代的明确遗迹，这样的景色似乎也显得丰富多彩、包罗万象。它具有——而且一直具有——人的种种关系，并且还对这些关系心照不宣。在我们爬一座绿草如茵的山坡或者当地所谓的"岭"坡时，我的同伴把他那个郡或者郡里他那个地区的可爱之处对我简短扼要地讲述了一番。在山顶上，一瞬间的工夫，我们似乎把英格兰其余的大部分地区尽收眼底。毫无疑问，一个人会爱上那样的景色，就像一个人会爱上某个高尚而敏感的朋友一样。"岭"骤然急转直下，仿佛另一边相对应的山坡被挖掉了一样。你不妨沿着这绵延的山脊走一个下午，把这浩瀚迷人的景色尽收眼底。目光越过英国的一个郡眺望远处的另一个郡是一件赏心乐事，这个郡看起来全然不是想象中那样小。这个伟大地区幅员之辽阔堪称典型，而从我所说的有利观察点极目望去，它在全郡中就像一片翠绿中的一块墨绿补丁，这样的郡怎么会显得小呢？这些景象便构成了广袤千里的景观，更远处是色调多变的蔚蓝色起伏的地貌，然后又是一片林木茂密的地区，你听说，它展现出又一个权贵的住宅和林荫。左右两边树木葱茏的广阔地区是同样的显达的领地。因此，触动我的并不是这一地区的狭小，而是它的辽阔。有一次我问跟我交谈的人他是不是经常碰到 B 先生，他给了一个英国式的回答："不，我们从来见不着他，他住在西部很远的地方。"我听见一个美国人对这种回答立即哈哈大笑，我倒一点没有他那种心情。我们的朋友的"西部"是指他那个郡的西边，而我这位美国幽默大师似乎从我朋友的回答中发现了无穷的笑料，说道："我倒一下子就想起了那种我自己西边的脚或东边的脚的说法。"

山腰上古老的红色农庄照亮了山墙墨绿色的地基，大山庄的烟囱顶从方圆几英里的树林上面冒出。在天边依稀可见的地方，人们向时常听说的遥远的城镇和地域窥视，我甚至并不认为：我对这个可爱的地区的魅力非常敏感就说明我在这一带有"地产"，因此镇里的小姑娘居然在街上突然向我屈膝行礼，尽管这无疑也令人愉快。同时，拥有一点地产当然会使那种依恋之情更加强烈。囊空如洗、飘游四方的人喜欢做梦——梦见他们囊有余裕时将会买的东西，这些梦很容易与浪游人遇到的一处美好的田庄挂起钩来。就我而言，我还从来没有到过一个国家，乏味到我连它最典型的宅第都无动于衷的地步。在新英格兰以及美国的其他地方，我觉得我的心十分向往用漆成白色的木头修建的希腊神庙，也就是那小小的帕台农神庙；在意大利，我又神往一座顶上有雕像的黄墙别墅；在英格兰，我的心很少悬望最好的房屋，但它屡屡在一处安静的地方周围盘旋，这类地方没有多大名气，本地人说到它时，无非一个"好"字而已。在我提及的这一带地方，尤其有一所，关于它，那种从一个窘迫的主人手里得到它的无法实现的梦想不断化作次日"搬进去"的幻觉。不幸的是我看见这个地方时形势并不有利。我是在雨中见到它的，但我很高兴好天气没有掺和进来，因为在这种情况下，妒火中烧也许会毒害那种印象的。那是一个漫长的阴雨绵绵的礼拜天，积水很深。我在屋里待了一整天，用我的话——据认它免除了我们去教堂的义务——来形容那种天气是最恰当不过的。但在当天下午，午饭和茶点之间那段预期的间隔似乎长得可怕，主人便带我去散步，途中他把我领进了一个他称之为"英国小乡绅的天堂"的林园。它确实是一座现代伊甸园，那些树也许就是智慧树。那是一些长得又粗又高的古树，它们散布在平坦的草地上，极其稠密，也零零落落地散布在山城的上上下下，自从我上次看过科摩湖^①上的栗树之后，再没有见过比它更赏心悦目的景象了。关键在于那块地虽小，但给人一种无边无际的感觉。我们就要进入林园

———————

① 在意大利北部。

的时候,雨又下起来了,这样一来,我们被淋得像落汤鸡似的,又溅了一身泥,狼狈不堪。不过由于离房子不远,我的同伴打算按邻里的做法留下他的名片。房子是极其惬意的:它耸立在草坪和花园中间的露台上,露台悬在一条英国水量最丰富的河流上,隔着河可以看到那些我提及过的蔚蓝色的起伏的地貌。露台上还有一片装饰性的水面,还有一道小小的铁栅栏把草坪和林园隔开。凡此种种我都是在雨中看到的。我的同伴向管家递上名片并说我们浑身泥水不便登门拜访,于是我们便转身去完成我们的巡游。当我们转身离开时,我痛切地意识到我禁不住要称这种做法冷酷无情。我的想象测定了整个情况。那是一个单调沉闷、一个备受摧残的礼拜天下午——没有人会来。房屋迷人,露台可爱,橡树高大,景色引人入胜,但一切如果不是沉闷,也是一片空白。屋内有一间客厅,在客厅里有——我是说"一定有"——一位英国女士,一位和蔼透顶的人儿。在这个阴雨绵绵的礼拜日下午,当这位女士得知有两位绅士一路走到她的门口时,只是留下一张名片以表示礼貌,相信她是不会高兴的,这也没有什么愚蠢的地方。果真,我们还没走多远,我就听到管家从后面匆匆追来,我便觉得我对形势的感觉是何等正确。当然,我们又回去了。我拖着泥靴走进客厅——正好就是我想象中的客厅——在那里我发现——我不想说那女士正好就是我想象中的女士,却是一位更加和蔼可亲的女士。其实倒是有两位女士,其中的一位正在"家里侍候"。在英格兰,无论你和什么样的人在一起,你可以尽管放心,在场的某位是负责"侍候"的,到一定的时候你会体会到这个词的深层含义的。我谈到的那间客厅的大窗户隔河远眺着那些隐隐约约、模模糊糊的群山，那里正下着迷迷蒙蒙的毛毛细雨。我说过，四周静悄悄的，有一种极其悠闲的气氛。如果一个人想在这里做些事情，显而易见，有充裕的时间——其实还有别的种种方便——去做。两位女士谈到"城镇"：这正是人们在乡下谈论的话题。如果我愿意，我不妨说她们是带着一种可望而不可即的怅惘来议论的。反正我心里纳闷，生活在这样一个迷人的地方的人怎么还会费神去考虑 7 月的伦敦发生的事情呢。接着我们便享用了高级的浓茶、黄油面包。

我回到了朋友的住处——因为我也犯了"侍候"的过失——我通过一个古老的诺曼式的大门，上面是高大的拱顶，雕刻得古香古色，迈过它那凹下去的门槛，想象的眼睛便可以看见僧侣的鬼魂和修道院院长的影子悄然无声地进进出出。这个缺口把你引到一条 13 世纪的美丽回廊——一条长长的石廊或者回廊，有上下两层，花窗棂的空隙现在装上了玻璃，但它狭长、低矮的迷人景色依然完美如画。它的石板路被僧侣的鞋磨平了，它高大的拱门从里侧通向屋顶像大教堂一样的大屋子。这些屋子有窄窄的窗户，嵌入斜面窗洞有三英尺深，窗上还装饰着一些奇异的中世纪小面孔，俨然是一副防御工事的派头。在穿衣脱衣的当儿，或者在写信期间灵感间断之际，你抬头一望，看到其中的一个僧侣小面具朝你咧嘴微笑，这只不过是住在以前的这座小隐修院的乐趣中的一个细节罢了。这种乐趣是取之不尽的，因为你在这样一座房子里每走一步都使你以某种方式面对遥远的过去。映入你的眼帘的是文献资料，吸入你的肺腑的是历史遗风。房子旁边是一处美丽的遗址，原来是一座由主人的先祖——一位戴主教冠的隐修院院长——主持的宏伟教堂，现在剩下的仅是部分窗户、墙壁和柱子的基石。这些古迹杂乱无章，但依然非常丰富，它们证明了那座修道院规模宏大，雄伟美丽。你不妨躺在爬满常春藤的遗迹的基石旁的草地上，量一下大部分湮没在柔软的匍匐植物里的中柱的巨大残桩的粗细，便不禁想起：在这条幽静的山谷里，在这些孤寂的小山中，竟然耸立着如此精致优美的艺术品，真是不可思议。步行一个小时便可以走到另一处宏伟的遗址，这处遗址聚集在一起，显得更加完整。中央塔楼矗立在那儿，仅是它原来高度的一半，中殿的圆形拱顶和巨柱在不受阻碍的草坪上构成了一道绝妙的风景。你的印象是在信奉天主教的英格兰鼎盛时期，大修道院就像里程碑一样稠密。当地的外行甚至现在都把这一地区称之为"荒野"，但在美国人眼里，它的平滑和精细几乎达到了城郊的水平。有一条小铁路静静地穿过山谷，在修道院大门边还有一座小小的古镇——那确实是一座没有车马喧闹的城镇，有的却是漂亮的砖房，还有十来家"酒馆"，还有粉刷成白色的整齐的农舍，我说过还有一些小姑娘，在街上行屈膝礼。即便是现在，如果一个人坐着火车绕进山谷后，在如此恬静的田园牧歌式的环境里发现一种辉煌的建筑展览也会叹为观止。曾几何时，这座美丽的教堂繁荣昌盛，香客从绿草如茵的山坡源源而来，它的钟声使寂静变成了一种实体，那时候这座教堂一定是威风八面啊！修道院在当时可是件了不起的事，正如同伴所说，它在这一带遍地开花。当你远离它时，你认为到了它布局的末端，但在一间富有早期英式拱顶的粗糙外屋的形态中，在一口隐藏在雕凿成的山洞里的古井的样子中，你又碰到了它。值得注意的是，即使你来自没有早期英式——的确很少有晚期英式——的拱顶的地方，在那里连年代最久远的井盖也是崭新的木瓦，你也会很快习惯这些古物。任何非常古老的东西似乎都极其自然，没有一样东西我们允许它作为远古的标志如此靠近我们。在一座有六百年历史的房子里待上二十四个小时，你自己便好像在那里生活了六百年，这么说也并不过分。你好像觉得自己用脚步磨凹了那条石板路，用你的手摸光了那些橡木家具。你沿着那条僧侣常常踱步的小石廊漫步，从哥特式窗户观望他们美丽的教堂，然后再把你引入目前所谓的客厅的高大、浑圆、粗糙的门道里驻足。你登上门槛的那个大台阶有些歪扭，它也该当如此；窗楣经过岁月之手的频频拨弄已开裂破损。尽管你随意浏览，但这一现象分外触目。通过之前，你先把那小回廊上上下下打量一番，再走进去；它似乎古怪得不可思议。然后你步入了客厅，在那里你听到了现代人的谈话，看到了新近的出版物，看样子还有一顿美餐。新旧生活融为一体，没有分界线。在客厅墙上有一个古怪的漏斗形的洞，大头朝里，活像一座小小的暗炮台。你问那是什么，但人们早已忘记了它的名堂。它是僧侣的什么东西，这仅仅是细枝末节而已。饭后你才听说这里当然有鬼——人们看见一位白发修士在薄暮时分出现在过道尽头。有时候仆人们看见他，然后他们就偷偷地到村子里去睡觉。然后，当你拿着寝室蜡烛，抄近道穿过许多空屋子，信步走向睡床时，你就意识到对待那个白发修士的态度，真不知道该看作一种热望呢，还是一种恐惧。

我有一位朋友，是个美国人，他对这个地区相当熟悉，所以要我借待在这一带的机会，一定去一下斯托克塞和另外两三处地方。"爱德华四世和伊丽莎白，"他说，"仍然在那里徘徊。"经过这样一番劝告，我决定至少得去一下斯托克塞，后来我便明白了朋友的意思。你几乎在该郡的什么地方都可以碰到爱德华四世和伊丽莎白；至于家居建筑，英格兰能具有如此鲜明的古代英式风格的实在寥寥无几。有两三个小时，我躺在这座小城堡的阳光灿烂的小院井边的草坪上，懒洋洋地欣赏中世纪生活的宁静明确的细节，这种亲身回到过去的感觉，我还很少如此直接地体会过。这个地方是13世纪的小贵族乡村别墅的范例。它有一条又美又深的堡壕，现在长满了野草，还有一间晚期——即防御姿态将近放弃的时期——的奇异的门楼。这门楼根本没有住人的样式，但有山墙和结实的梁木结构，古雅的横梁从粗糙的白灰泥表面突了出来，就庭院另一边的灰色小堡垒比较而言，这个门楼是非常奇特的。我虽然称之为堡垒，但它是那种很容易被人攻破的堡垒。它具有现在这副形状，一定是人们不再从窄窄的缝隙窥视围城者的年代了。外墙上虽然有这种探视孔，但它们宽到引人注目的程度，也不怎么偏斜，倒是很适合用于和平谈判。这就是那地方的一部分魅力，那里的人类生活一定失去了早期的严酷，过那种生活的人们已开始相信善良的愿望。他们一定是和睦相处的，这便是在一座中世纪住宅庭院中产生的一个最明显的感想。庭院并不是一直像现在这般芳草萋萋、空空荡荡。现在只有两三个绅士舒展身子躺着在寻找感觉。其中一位把一个酒瓶拨来弄去，给一位衣着体面、面色红润、笑容可掬、唠唠叨叨的老妇人从井里盛到两只平底杯里的清水映上了颜色。这位妇人已经风风火火地从楼门里出来了，她的丈夫体格高大，身患水肿，非常憨厚，拄着双拐站在阳光下，当你问及他的身体状况时，他没有任何表示。这位可怜人已达到了人类单纯的极致，所以连议论一个人的病痛的机会也不赏识。但那位彬彬有礼的老妇人却替大家说话，甚至也替一位刚从房间里出来的艺术家说话。后来我在那间屋子里看见他在再现屋子衰败的幽静。尽管这座城堡还远远称不上是废墟，但这些屋子全都无人居住，已经到了残破不堪的境地。透过一扇窗户，我看到草坪那边也有一位小姐坐在树下，双膝屈起，正把什么东西伸进嘴里。毫无疑问，那是一支驼毛画笔；那位小姐一定是在写生。这些就是这个地方现在所面临的仅有的围攻者，尽管我怀疑那姑娘的目的是不是很好，但他们不会造成什么严重的损害。我们在空荡荡的堡内溜达，心想这样的东西竟然落到如此支离破碎的下场，真令人痛惜不已。里面有一间美丽的大厅——也就是说，相对于一座小城堡而言，应该是很大的（换在现代住宅里，将会非常美观）——厅里有一些高大的教堂式窗户，在一端还有一座大楼梯，靠着墙爬进一间宽敞的卧室。你仍然可以充分领会到那种比较简朴的生活的大致轮廓。需要说明的是，简朴尽管简朴，显然它绝不缺少我们需要的诸多方便。从大厅升上去的楼梯的顶端有一个房间也十分迷人，它的形状很不规则，入口处的天花板很低，墙里面有壁橱，另外还有一个一系列小格子组成的很深的凸窗。你可以想象出人们从这间屋子迈步走到楼梯平台上的情景。楼梯的台阶是粗糙的圆木，结实而沟槽很深的扶手还保留着。它们俯视着大厅，我相信，那时候大厅里总有一群仆人闲荡、等候，并通过一个通向庭院的门进进出出。我刚才说过，那庭院并不是目前你可以在夏日发现的那种芳草萋萋、美不胜收的所在；当时那里拴着牲口，人们熙熙攘攘，地也被踩得坑坑注注。然而老爷或者夫人，居高临下，从小房间的门口望着下面，无疑在发布命令。下面是三五成群的人、呼天叫地的声音、摆开的橡木桌子、置于中间的火盆——这一切似乎又重现在眼前。通过这座建筑的其他部分来追寻历史景象也并不困难——可以通过连接大厅和塔楼的那部分（写生的小姐的同行在外面支起了他平稳的三脚架）；也可以通过塔楼上的那些大致圆形的昏暗房间，还可以爬上塔楼的旋转楼梯来到每座古城堡最迷人的部分，在那里种种景象一定会跳离城垛避开你——这就是那明亮而又令人眩晕的塔顶平台，那是悬挂堡旗、警惕的堡民观察动向的地方。在这里，你总是实实在在地追上了这个地方的印象——在这里，在阳光普照的寂静里，这种印象似乎停下来，喘了口气，然后便投降了。

　　我不只在斯托克塞的城堡主楼顶端流连片刻，玩味这样捕获的完整的印象。我也这样在拉德洛度过了半个小时，因为它是一座更加宏伟、更加著名的历史遗迹。然而，拉德洛却是一片废墟——最令人难忘的最壮观的废墟。迷人的古镇和令人赞叹不已的城堡构成朝拜的主要目标。拉德洛是英国地方小镇中尚未被工业玷污和扭曲的一个典范，在那里看不到高大的烟囱和滚滚的浓烟，也没有如影相随的肮脏的郊区和贫民窟。小镇高踞在一座小山上，小山附近有美丽的塞汶河蜿蜒流过，它具有一种引人注目的城市的庄严风度。它的街道宽阔干净，空空荡荡的，还长有一点小草，两边是宽敞的、稍事装饰的砖房，看样子在本世纪的头十年它们比现在体面得多，但它们现在还能昂起头来，保持窗玻璃的明净，门环的锃亮，门前的石阶也是白花花的。这地方似乎在诉说，几百年前它曾是一个很大的地方社会的中心，而这个社会则是同类中的佼佼者。这个社会一定是搬迁到拉德洛度过那个季节的——坐的是隆隆的四轮大马车和沉重的双轮轻便马车——在那里它体体面面地赶超那座铁路线尚未修得太近的更加壮丽的首府，自得其乐。它在礼堂里举办舞会，它请西登斯夫人 ① 演戏，它请卡塔拉尼唱歌。伯尼 ② 小姐和奥斯丁 ③ 小姐的女主人公们完全有可能在那里

---

① 萨拉·西登斯（1755—1831），当时著名的悲剧女演员。

② 范妮·伯尼（1752—1840），英国女小说家，著有小说《埃维莉娜》和《塞西莉娅》等。下文中的埃维莉娜和塞西莉娅均为同名小说中的女主人公。

③ 简·奥斯丁（1775—1817），英国女小说家，著有小说《曼斯菲尔德庄园》和《爱玛》等。下文中的范妮·普赖斯和埃玛·伍德豪斯分别为以上两部小说中的女主人公。

遭遇各自的初恋。去拉德洛的旅程对范妮·普赖斯或埃玛·伍德豪斯肯定是一件大事，甚至对遭遇更加浪漫的埃维莉娜和塞西莉娅也是如此。在这个地方，地方贵族打上了如此明显的烙印，使你既可以体察那种大风气，也可以感受那种小法度。从家居建筑的诗情画意开始衰微到庸俗风格形成之前的这段时间里的房屋真可谓五花八门，饶有风趣——它可以说是一种优美的絮语式的经典散文。这样一些地方，这样一些房屋，这样一些遗址和暗示，把我们带回了英格兰前维多利亚的近古时代。多亏它的很多特点保留下来了一部分，对于一个外邦人来说，要栩栩如生地构想出它的画面仍然不难。对于一个在英格兰生活了一段时间的外邦人来说，对于传统的褊狭状况开始衰落前那里的风情、习俗和社会生活的方方面面形成一个概念，则更加容易。因为，观察家一致同意这种衰微大约是在三十年前开始的。的确，关于这件事的思考使我们对一些形成民族特点的东西进行想象时把它们加以无限的夸大：如死板的贵族社会体系，人们缺乏审美情趣，还有社会方便、公众文雅的程度不高。让一个能记得本世纪早期的、情趣保守的老绅士给你讲，就在一个小俱乐部里给你讲一讲——给你讲，按他的观点，伦敦作为一个绅士居住的地方，除了最近四十年江河日下外什么也没有干。你当然会表现出应声气求的样子洗耳恭听，但你却在心里嘀咕，在那时候，对来自外国的旅行者来说，伦敦一定是个多么艰难的逗留之地啊——由于习俗狭隘，在许多方面大都会的风范何其稀少，局限又何其广大。当时这座大都市的情况在外地更是有过之而无不及，拉德洛这类社区一定是褊狭性的一种集中体现。但即便在当时，恼怒的外邦人也会因壮丽的城堡废墟引起无限遐想，恢复愉快的情绪。这些废墟将有效地使他超越一切消长不定的庸俗。

英国花絮

4月将尽，在蒙默思郡，报春花大得像你的拳头。我说在蒙默思郡，因为我相信在这一古老的地界里有一座草山。我越过迷人的田野，地埂上春花烂漫，上面挺立着树篱，形成了一条条的小道，我从中穿过到达山前，爬山又给了我极大的乐趣。正值复活节期间，离开伦敦的借口从来都不难找。当然，天在下雨——雨还下得不小——天气往往不遂人愿。不过也有明媚温暖的时候，在英格兰，连绵阴雨中突现出两三个小时的晴朗，坚持自己的独立，给人留下一种永不减损的记忆。这种暂时的解放有时甚至持续的时间较长。譬如说，那天花了整整一个上午，我和一个同伴爬上了小山斯基里德。你有一种远离伦敦的感觉，其实，坐上六七个小时的直快列车以后，你就是远离了它。在英格兰，这可是一段很长的时间；我听人们总是不太情愿地承认，这个地区"荒凉"极了，看来这还是有一定的道理。荒凉接着荒凉，我想尽管我从来就不是一名大探险家，我还是把这个粗犷的地区和这个世界另一部分的几个被认为开垦过的地区进行了一番比较。我甚至希望把这一地区的某些粗犷特色移植到那种管理不太严的风景地带，跟它郊外的荒蛮混合在一起。我们快到威尔士边界了，远处有十来座小山争先恐后从别的肩膀头儿上探出脑袋向前张望。大自然总有杂乱无章之嫌，但即使再乱也莫过于此。这座斯基里德山（我喜欢重复这个名字）远远望去，确实有一个放大了的圆锥形熄烛器的样子。阳光灿烂，微风拂面，我们先穿过小道，经过草地，繁花争艳的树篱像松散的珊瑚串一样围在山肩上。我们终于翻过了最后一道树篱，然后就开始上那座长满青草的圆锥形山顶（大有尼布甲尼撒大酒瓶的架势），原来它的脸面滑溜得像花园里的山丘。旁边，在别的小山的山腰上，有一群群羊儿吃草，唯一带一点尖儿刃儿的东西就数那强劲、潮湿的风了。然而就是这股劲风也是一副好性情，只是想找点东西玩玩，它吹动着在邻近的山脊上招摇的珍珠色晨雾，晃动着山谷里阿伯加文尼那座风景如画的小镇上飘浮的气纱。站在一座清风徐徐、绿草如茵的英国小山顶上，俯瞰一个充满了引起人的联想的名字、充满了古老的回忆、充满了寓意深刻的故事的地区（尤其当你在景致优美的地方散过步感到心旷神怡，而且怀里又揣着一瓶酒时），展现在你面前的世界是一个平滑的去处，可以说是人类的使用把它磨成了这个样子。

礼拜日我没有去教堂，因为我怕那里有中世纪的寒气——腰痛显然在那里蔓延。在大道小路空无一人的宁静时刻，我索性走到教堂墓地，坐在一块被太阳晒温了的墓碑上。我说路上空无一人，但却长满了我刚才说到的大报春花——个儿大得像熟了的苹果，而且尽管它们长势很盛，但颜色浅淡，呈淡黄色，仿佛它们的金色被银色稀释过了似的。那里确实是一片金银混杂的世界，因为还有满眼的白色银莲花，这些娇嫩的鲜花，朵朵都是一粒完整的硬币，被遗落在绿油油的路边，仿佛一位王子一直在散赏钱。在做礼拜的时候，一座英国乡村教堂的外面倒是一个非常惬意的所在；在举行圣公会神秘仪式时，我通常敢于接近的也只能到这种程度。听见乡村音乐模糊的声音传进了外面的宁静，细细品味着刻在破裂的石板上和错了位的墓碑上的一段段祈祷文，也许会对那种仪式的严肃特性搜集到一些正确充分的感觉。我谈到的这座教堂是这一类型中的一个很好的样板——年代久远，几经修补，但仍然坚固、有用，没有一点修复过的痕迹。它高大宏伟，隐藏在田野里，具有一种孤独壮观的气势；它附近除了那远离尘嚣的小小的牧师寓所之外，没有任何特别的东西。它只不过是千千万万的同类教堂中的一个而已，这种教堂我先前已经见过上百个。然而我仍然注视着如水的阳光照射到它那古老的砖石结构的皱褶上的情景；我在两三棵枝繁叶茂的紫杉树荫下伫立了良久，它们把自己黑色的枝杈伸到坟墓上面。此时正值复活节期间，按照那个地区的习惯，坟墓上都摆放着报春花和犬堇菜编织的花环；我心想，在一个"荒凉"的地区有这么一个安静的庇护所可真是一种福气。

后来，我又碰到了另外两个庇护所，它们宽敞有过之，而宁静无不及。两处都是古老的乡村住宅，但各有各的迷人之处。一处是半现代化的封建时代的住所，坐落在一个林木葱茏的谷地——由一片古老可爱的猎苑构成的大凹地。这座住宅正面是灰色的，很长，它有六个塔楼，少不了那常见的常春藤和林立的烟囱，后面衬托着一片白嘴乌鸦常栖的榆树作为背景。然而窗户全都关着，林荫道没有脚踩的痕迹。这座宅子本是一位贵妇的财产，她无力按相应的气派在那里居住，便把它装修了一番，租给了一个阔少，"供打猎时居住"。那位阔少一年只占用三个星期，其余的时间就让它去饱过往的生人和将要纠正审美错误的人们的眼福。可是如此迷人的一个去处竟然没有成为一个有意识、有感知的家，似乎本身就是一个极大的审美错误。在英格兰，这一切都是司空见惯的现象。养活一位"十足"的绅士，可要花很多平民百姓的心血；弥补一份得救的财产，就要牺牲大量的温馨。的确，在我要谈到的另外一个宅子中，甚至有更多的温馨，而对它的浪费也更显得不知不觉。如果这座住宅里再没有一个人的话，至少还有鬼魂。它的正面是深红色的，山墙看上去是阴森森的。房子雄踞在一块朦朦胧胧的凌空高台上，要上去就得爬一段陡峭弯曲、长满青苔的阶梯。阶梯下面是一块古老的花园，从花园的这一边伸展开一大片草地。草地的中间突然冒出一条欧洲赤松——绝像意大利五针松——相夹的壮丽的林荫大道。整座住宅看上去就像移植到威尔士山里的鲍格才家族[①]的别墅。那巨大光滑的树干，由于成双行，等于罩上了黑伞。不管是在欧洲赤

---

① 意大利一贵族世家，其成员于 16 至 19 世纪初在意人利社会、政治方面起过显要作用。

松还是意大利五针松身上，总有一种奇怪的成分；在一个多雨的国家，张开的雨伞可不是一个富有诗意的类比，可要是你把树比成硕大无朋的蘑菇，情况也不见得好。然而，就是不要类比，在这种巨大而僵硬的景象的效果中，在林荫道地毯似的草地上，由于有那座黑沉沉、孤零零、品位很高的房屋俯瞰着它，还是有一种非常触目的东西。这里有一种庄严、悲凉的气氛；这个地方是为找故事的人建造的，因为这种人可以在里面发现他的人物，如同铅制的格子门开着，演员们好像准备登场一样。

Ⅱ

怀特岛一开始令人失望。我不明白个中缘由，后来发现是那条可憎的小铁路从中作祟。毫无疑问，铁路在怀特岛显得格格不入，显然是与当地的自然风貌水火不容的。这个地方要么是纯粹的图画，要么就一无所是。所以它只能用来观赏——它的存在就是为了引人惊叹叫绝，让人付诸丹青妙笔的。它天生就是与那个不太小的海岛的稠密的铁路网分开的，而且在世界上是优质马车路保存最多的一个角落。没有比这更明显适合献祭美景的良机，也没有比这更好的不修铁路的机会。然而现在一天有二十趟火车，于是美景就逊色了二十倍。这个岛太小，丑恶的路堤和隧道太刺眼；看见这些东西就像看见一位楚楚动人的女子肩挑货郎担一样让人心痛。当你从赖德向文特诺旅行（自然用的是那种讨厌的交通工具）时，这就是你的第一印象：火车平滑地隆隆向前，在五六个小站都要停一停，每到一个小站，月台上的人群使你发现这里的人几乎是清一色的绅士淑女，有衣冠楚楚的绅士，显示出他们极其悠闲自在，才有心思注意领带裤子（英格兰的一个很大的阶层），还有在法国被称之为 rentières① 的那一类老夫人，还有受过高等教育、涉猎极其广泛的年轻小姐，此情此景怎么也无法使你适应一路上那些特许的瘢疤。然而，在文特诺，当你面对着大海，面对着身后下崖坡山花烂漫的山肩，在某种程度上你就看不见那些多余的文明产物了。当然并不是说文特诺还没有高度的文明。这是一个成熟完善的海滨游憩胜地，已经沦落到伦敦佬的境地了。然而闪耀的大海仍在，不时闪出蔚蓝银白的微光，一座座荆豆覆盖的大草丘在海面上耸立着。文特诺挂在一座陡峭的小山的山坡上，它东靠西爬，被支撑起来，呈阶梯状，像一座俯视地中海的面目靓丽的小镇。为了增强意大利效果，房屋一律称之为别墅，不过必须附带说一句，再没有比英格兰住宅更不像意大利别墅的东西了。装点文特诺连绵不断的岩脊的大部分是半连半离的小屋，它们还没有完全来到世上，就已经注定了娱悦房客的命运。排列得密密匝匝的小屋到处都是，门柱上漆着极其花哨的贵族姓氏。一个个看上去简直一模一样，Plantagenet（金雀花王朝）和 Percival（珀西瓦尔），Montgomery（蒙哥马利）和 Montmorency（蒙莫朗西）之间的差异尽管明显，但摸不着头

---

① 法语：有定期利息、收益或年金收入的人。

脑的游客还是弄不明白。英国的游乐胜地要比美国舒适。在一家 Plantagenet 别墅里，接待"避暑客人"的艺术通常比一家美国农村旅馆更臻佳境。然而即便就文特诺这样安逸迷人的小镇而言，使美国人感触良深的却是和他所喜爱的避暑胜地的形象远为逊色的差距——不够自然，缺乏田园风光，林木不够繁茂。过多的砖与泥灰，过多的冒烟的烟囱、商店和酒馆；没有树林，没有小溪，没有孤立的海岬，没有大自然处子般的宁静；有的却是一个大部分铺过柏油的广场，广场周围长椅成行，小铺林立，还有一个德国乐队。然而，为了公平对待文特诺，我得赶紧补充一句，一旦你离开那个柏油广场，还是有葱茏的草木的。跟它毗邻的小村邦丘奇则是葱翠欲滴，仪态万千，隐没在平滑无比的草地和浓密之极的灌木丛里。邦丘奇简直是有滋有味，在某种方面还真有点荒唐可笑。它就像装在一个大玻璃柜中用仿制材料做的一个乡村模型，草地或许是绿天鹅绒，树木可能是纸剪的。村民都是快乐文雅的人士，村舍都是玻璃窗户，墙上的矮株玫瑰看上去好像是用丝带扎起来"专门去搭配"似的。从文特诺出发，穿过邦丘奇优雅的林荫，一直沿着海岸走向尚克林，你就到了下崖坡最美丽的地方，或者换句话说，到了世界上最美丽的地方。那巨大的草崖构成了怀特岛的海岸，也形成了法国人所谓的伸向大海的一种"假坡"。到了某个地方，这个坡就断了，于是出现了一种宽阔的天然平台，野灌木野花草纠结一片，荒凉芜秽，这块平台在那里悬在半空里，简直就是悬到了海面上。这块山花烂漫的长长的平台，北面有巨大青翠的悬崖为屏障，南面则栽进潺潺的潮水之中，要想象比这更加迷人的景色，那是绝对不可能的。这种赏心悦目的景观绵延约十五英里，构成了怀特岛的南海岸。然而，景色最为美丽的，我已经说过，是在把文特诺和尚克林分开的那四五英里的范围内。4月的一个宜人的午后，在这四五英里的路上漫步可真是令人艳羡不已。

当然，你首先要碰上那么一个宜人的午后。我可算碰上了一个，其实还是两个呢。在第二个下午，我爬上了那座草丘，发现那片荆豆覆盖的地带除了让人散步以外，还可以派上别的用场——让人们坐在那里消遣。在一堵石墙背风的一面，躺上好久好久，望着那依依不舍，渐渐消退的午后的天光，头上是红彤彤的天幕，在一簇簇平顶荆豆的上面是一片蓝莹莹的大海——凡此种种，如果与一位亲切的游伴聊天，被当作一种陪衬来欣赏，它们似乎还真的足以替代那种原始的宁静，这正是我刚才还贸然抱怨它所缺少的东西。

Ⅲ

在朴茨茅斯逗留很可能是个错误。可是我已经这么做了，因为我听从了一种大家熟悉的论调：海港城镇富有地方色彩，富有奇异的类型，富有古怪的情趣。然而，必须承认，以上种种魅力在朴茨茅斯却显然非常缺乏。我在朴茨茅斯脏乱不堪的街道上溜达了一个小时，东张西望，想看看突出的建筑物门面或者一群马耳他水手，结果一无所获。看到一个名闻遐迩的海港竟然脏乱不堪、单调乏味，真令人泄气。朴茨茅斯不仅脏乱，而且沉闷。可以把它粗略地分为船厂和酒吧两大部分。船厂是圈起来的，面积很大，里面的情况我是看不到的，但外面的砖墙阴沉沉的，像一块空空的黑板，没有任何特点。船厂好像把这个城镇吃掉了，什么都不剩了，只有一些酒馆，却叫这个城镇喝掉了。就连一条弯弯曲曲有轻没重的老码头也没有，当然也就没有码头上那些面对林立的桅杆拼凑得亮晃晃的房屋了。首先，这里就没有桅杆；其次，也没有各种语言的招牌，没有多层的高楼，没有在敞开的格子窗里栖息的外国鹦鹉和金刚鹦鹉。离开车还有一个多钟头，我突然想起雇一只小船在港湾里转转，否则这一个钟头就难熬了。在港湾里倒是可以找到一些开心的东西。这里有大型铁甲舰，有白色运兵船，一个个看上去影影绰绰，如幽灵一般，活像漂游的"鬼船"①，还有一些凶恶的小舰只，它们的任务就是发射要命的鱼雷。我在这些钢铁小岛周围巡游，后来，为了增加我的游兴，我索性登上了"胜利号"。"胜利号"是一艘巨型老战舰，我不知道它在辉煌时期配备了几百门大炮，但它现在唯一的功能就是停在朴茨茅斯港湾里，让来寻欢作乐的伦敦佬参观。现在假日就是它的喜庆日子，从前却是特拉法尔加广场。一言以蔽之，"胜利号"是纳尔逊的旗舰；他正是在这条船的大甲板上中弹，然后在它的内舱里断气身亡。这艘年高望重的铁壳里面配备了一帮导游人员，这跟伦敦塔和威斯敏斯特的情况如出一辙，而

---

① 传说风暴中出没于好望角附近，海员认为是不祥之兆。

且跟那两艘陆上舰只相比，其坚固和宏大几乎都不逊色。一位身穿制服的好心人代表该舰向我行礼致敬，口音中的 h 产生了可怕的错位。这艘军舰已经失去了它当年的雄风，但处于这种境地似乎有点不可思议。它曾经配有两百门大炮，有一名伟大的战士，对英国的敌人猛烈轰击；它经历过英国历史上最激动人心的一起事件。现在它只不过是朴茨茅斯水手们的一个收入来源，只不过是圣灵降临周游客们的一个旅游景点，一件远方来的拜谒者为了不致显得庸俗或者过于严肃而不得不随便提提的东西。

IV

不过，我在奇切斯特逗留，就像他们说的，也算是一种自我补偿吧。在这个城镇密集又各不相同的古老的英格兰，两个地方也许相距很近，但是情调迥异。我大体上了解，这个地方的主要标志是它的一座大教堂，确实，从火车窗户向外一望，那个标志就收入眼底，不过只能望见一个美丽的尖塔。我一向把在一座主教堂所在的小镇过一个下午看作一种高级享受，而在朴茨茅斯待一个早上却勾起了我不要错过这样一种景点的情绪。从稍远的地方望去，奇切斯特教堂的尖顶绝像索尔兹伯里的教堂尖顶。它规模较小，但越往上越细，这一点也跟它大名鼎鼎的对手如出一辙，所以使它矗立于其中那种平淡的景致反而显得美丽如画。然而它又跟索尔兹伯里的尖顶不同，因为它目前还没有那种古迹的魅力。几年前，原来的尖顶坍塌，倒进了教堂里，所以现有的建筑只不过是一种现代的复制品。教堂并不是最大的名胜，它缺乏表现力，除了它旁边有一座奇异独立的古钟楼外，它没有什么特别出人意料的成分。然而一座不十分堂皇的英国主教堂也许就是一件非常迷人的事儿；我在这座令人肃然起敬的建筑物周围转了一个多小时，满足之情并未打破观照的魔力。我从火车站沿着那种平常的主教堂所在的城镇平常安静的红砖街道向教堂走去。街道两旁是高级小商店，商店前面不时会有邻近的乡绅的马车在路边停下，于是杂货店或者书店的老板便急忙赶出来巴结、伺候那舒服自在的乘车人。我走进一家书店，想买一本奇切斯特旅游指南，因为我在橱窗里看见了它；我发现书店老板正在跟一位头戴软帽的年轻牧师说话。这种指南似乎值得一买，不过看样子买的人寥寥无几；它是 1841 年出版的，这一版书剩的还很多，都摞在柜台上，书是布脊纸面精装本，夹一条白色小签条。书是献给里奇蒙公爵的，献辞谦恭得可怕，里面用原始的木刻和钢版画装饰；墨迹已经发黄，纸张有股子霉味；风格本身——四十多年前外省古籍商的风格，渗透着贵族的豪华——也已经变得灰不溜秋的，陈旧过时了。再没有比那位年轻牧师的声音更加甜美，举止更加文雅的了：他正在安排每天早晨派人把《泰晤士报》送给他阅读的事宜。"这么说，如果中午拿走就要一个便士？"他说，一副笑容可掬的样子，声音极具绅士腔调，"如果四点钟拿走，就是一个半便士了？"我拿着旅游手册，又回到了街口，那里有一个 15 世纪古老的十字形建筑——一座色彩华丽、情调浪漫的小型建筑。它包括一座四面敞开，上面有许多小尖塔、卷叶饰和扶壁的石亭，旁边有一幅精工细雕的查理一世高鼻子圆形浮雕像，这幅浮雕在王政复辟时期置放在一座拱门之上，作为议会党士兵对这座小镇造成的暴力破坏的补救，因为议会党士兵从保王党人手中夺取了这个地方以后，便以他们恶毒的手段，在教堂里肆意打砸寻开心。从这里向左，主教堂从一座宜人的花园里竖起它漂亮的灰色尖顶，便把自己显露出来。花园的对面是"海豚旅店"或者"海龙旅店"——总而言之，是条件最好的旅店。我必须承认，有一段时间这家旅店和主教堂平分了我的注意力，因为在二层楼上它有一个古老而有霉味的客厅，包着马尾衬的沙发上悬挂着几幅狩猎图；还有一位身穿晚礼服的红脸侍者，还有一份很大的冷牛肉和一大杯啤酒。奇切斯特最漂亮的景物还要数一条迷人的三面小回廊，它跟教堂连在一起，就像那类地方常有的情况一样，你可以坐在回廊中央的深草中间的一块大墓碑上打量教堂宏伟的中心建筑——宽大灰色的侧面，尖塔很高的基座，中厅和横厅的划分。从这个角度，教堂的宏伟似乎更显得复杂，给人的印象更深。你注视巨大的阴影在慢慢地改变它们的关系；你倾听乌鸦呱呱，燕子呢喃；你听见徐缓的脚步在回廊里回响。

V

如果牛津算不上英国最好的景致，那么这种情况对剑桥来说就更加明白了。就此而言，对我的想象来说，三十六小时之后，那里的情况就一览无遗了。对于蒙昧的头脑来说，由于渴求文化，牛津就是探求与接受和谐一致的惯常的形象。对美国人来说，它代表着科研与感知的统一——渴望与自在的统一。一所德国大学给人更深的印象是科研，一座英格兰山庄或者意大利别墅给人更深的印象是消闲，然而在这两种情况中，一方面，求知太艰辛，另一方面，满足又太委琐。牛津则把甜蜜赋予辛苦，把尊严赋予悠闲。我说牛津的同时，指的也是剑桥，因为对一个漫游的野人来说，毫无必要知道其中的差异，如果他妄称知道，我反而觉得这既显得十分迂腐，又显得十分厚道。什么机构能比三一学院更加威严呢？什么举动能比那样一所机构的好客更能打动一名漫游的野人呢？第一座四方院落面积极其宽广，周围的建筑则是世界上最气派的，它们的正面长而富丽，展现出一片时光深化了的灰色。庭院的中央是两三英亩剪得很短的草坪，正中心冒出一股宏伟的哥特式喷泉，服务人员在那里往桶里盛水。有塔楼，有雉堞，有雕像，除此而外，还有回廊、花园和桥梁。在一座气派的门楼里有迷人的房间，而这些房间由于占满了楼房的纵深，所以，它们一面的窗户俯瞰着由半英里左右的盛饰建筑围成的宏大的四方院，另一面的窗户可以望到树林深处。房间里有可以想象得到的最好的同伴——极其平易近人、和蔼可亲的杰出人物。在一个美丽的礼拜天早晨，我同其中的一位到处转了转，试图厘清个中三昧。这可是一团纠缠不清的乱麻，在回忆时，我可不敢妄称把那些学院分得一清二楚。然而，有五六点就可以构成一些不可磨灭的画面。有七八所学院排成一行，背河而立；接踵而来的就是美妙纷呈的景象，哥特式窗户和参天的古树，绿草如茵的河岸和青苔覆盖的护墙，日影斑驳的林荫道、草坪、花园、露台，横跨小河的单拱桥，小河又小又浅，看上去就像是专为装点而拧开的一渠水似的。剑河这条细流似乎是单纯为这些漂亮的小桥而存在的——圣约翰学院的桥，桥上有漂亮的盖顶画廊或者微微崩裂的圣克莱尔学院拱桥。至于各个学院的校园和素净的经院式门廊，灰墙围绕的花园和常春藤覆盖的读书之角，以及在一所著名的英国大学种种富有诗情画意的事件方面，剑桥真是丰富多彩、美不胜收。我对这些景致一一观赏，心里总想着，最后的就是最好的。如果要我说一说世界上最美的角落，我就会沉吟着叹息一声，指向三一学院的花园。我的同伴完全有资格予以评判（但说话时又确实带着一家之子的偏袒），他把我领进花园时，宣称，在他的心目中，这是欧洲最美丽的小花园。我爽快地接受而且立即重复了一种如此大度地加以肯定的观点。三一学院的小花园狭窄曲折；它靠在河上，一堵爬满常春藤的矮墙把二者分开；花园有一堵古墙，墙的一面装点着千百条纠结在一起的匍匐植物，另一面是一簇奇特无比的七叶树。这些树木极其高大，占了半个花园，尤其引人注目的是它们巨大的枝杈钻进地里，又生了根，再长出来之后其雄伟的气势仍能与母干媲美。这一群壮观的七叶树在草地上乱爬，一直爬到草坪中央，这种现象是三一学院花园最扣人心弦的特色之一。当然，剑桥给人印象最为持久的一件景致还是王家学院的著名教堂——那是全英国最美的教堂。它努力要创造出的效果无不崇高庄严。这种努力成功了，而这种成功却是由一种空灵典雅的设计取得的。由于过于注重空灵典雅，起初这种设计差点儿作法自毙。那种崇高通常还带有一种不悦和观望神态，直到你观察了十分钟以后，你才发现这座教堂正因为是英格兰最高贵的教堂之一，才没有成为最漂亮的。这是一座没有侧廊、没有圆柱、没有横厅的主教堂，然而（作为一种补偿）却有那样一种美丽纤细的成束的花窗棂沿墙而上，在房顶铺展、弯曲、合并，这样一来，教堂的简洁似乎反而更显富丽。一个礼拜日早晨，我在那里伫立了一刻钟；当时没有做礼拜，然而在那把教堂一隔为二的大屏风背后的歌坛上，唱诗班的男童正在为下午的礼拜仪式做排练。悦耳的童音合在一起直冲那辉煌的拱顶；歌声悬在那里，扩展着、回响着，然后就像一枚燃尽的烟火一样，变弱变淡，消融到楼的尽头。那确实是天使们组成的唱诗班。

VI

剑桥郡是所谓的丑郡之一，它的平坦是一目了然的。正因为如此，没有在纽马基特达到极致的地貌特征，反而形成了达到一种目的的完美手段。这个地区就像一块铺了绿布的板子，草地则表现为大自然的一种友好奉献。大自然敞开她温柔的胸怀当作赌桌；牌桌、台球桌只不过是纽马基特荒原的拙劣模仿，想到在包含着真正美德的谦恭的许多表象中，却有比世界上别的任何地方都多的亵渎神明的赌博行径，真是件咄咄怪事。广阔整齐的英格兰草地滚向一片面容潮湿的天空，小山鹑在树篱中蹦蹦跳跳，大自然看上去一点也不像在给你展示怪异的东西。不过大人先生们看上去却大有这种气势，就是你在大路上和火车上碰到的那些大人先生们；他们都有那种明显的神态——它渗透了人的全身，从胡子的样式到靴头的形状——好像就是升华过的马厩的神态。你深切地体会到：对许许多多的英国人来说，《赛马一览》中的事件构成了当代历史中最重要的部分。微风就有一种马喷鼻息的声音，如果它的声音还不像马夫的呼吸那么粗的话；蓝天白云，花花搭搭，使人想起"春天聚会"的领带的花式；风景的色彩就像体育图片的色彩一样——具有同样的光泽，那种光泽似乎在说数以千计的马夫已经把它刷得干干净净。

消灭山鹑，如果同样是一种古典娱乐的话，却不是那么放荡；我相信，剑桥郡给它提供了特别的便利设施。其中就有一种特别的狩猎小屋，这是一种惯熟风格和偶然风格的伟大成果，是殷勤好客的殿堂。狩猎是秋天的活动，不是春天的娱乐。不过，由于我已经说到回声，我想如果我侧耳细听，我也许可以听到那里发出的有名的射击的可怕的噼啪声。引人注目的是，随着几声令人生畏的枪响，空气便为之战栗，然而我侧耳细听时碰巧听到的无非是一些精彩的言谈。

我刚才说过，在英格兰，无论如何有两三处地方简直是连在一起的，然而哲学家所谓的内涵却出奇的不同。从纽马基特再走几英里，就是贝里圣埃德蒙兹，这个城镇的宁静古朴赏给体育报纸的只是它那宽阔灰色的脊背。我承认我是慕名前往贝里的，它的名字我常常见到，我觉得对于追求诗情画意的人来说，这个名字就具有极高的价值。我知道，圣埃德蒙兹在盎格鲁–撒克逊人中大名鼎鼎，然而我相信，以他的大名命名的这座小镇会使我乐此不疲，乘火车来回奔波的，不过这种信念并没有明确的依据。然而，这件事对我的信念给予了回报——因为我看见了 13 世纪一座雄伟古老的门楼，它是那座曾经在该地盛极一时的大教堂的许多遗迹中最可观的一件。别的遗迹还很多，都散布在教堂原来的地界内，一大部分已经变成了一座草木蔓生的植物园，成了数以千计的寻欢作乐的现代人度圣灵降临周的游憩地。我说到的那座建筑具有一座凯旋门的规模；它既是一座门楼，又是一座堡垒，上上下下都是美丽的装饰物，绝对是贝里的名胜。

英国的新年

　　英国今年的圣诞节很难假装出快乐来，而且新年特别愉快的保证也是一样。这个冬天又冷又毒——人类贪图舒适、自鸣得意，好像大自然也不愿被排斥在与这种现象作对的大阴谋之外。全国上下有一种窘迫和萧条的感觉，这个等级森严的社会体系中的每个阶层都多多少少体会到了这一点，而圣诞节炉火的光辉丝毫没有驱散这种阴霾。我并不是有意夸大这阴霾。真是难以想象，各种不利因素联合起来强大得足以明显侵害活跃、繁荣、社会稳定和奢华的现象。而这些现象一向是英国生活必须向外邦人所展示的。然而，当今时代显然是人们综合起来所说的艰难时世——证据是非常充分的——而且民众的情绪并不高涨。生意萧条的现象极其突出，非常普遍。我不知道它是否已到了灾难性的程度，以致像你最近在美国目睹过的那样，各行各业都一蹶不振，几乎到了绝望的境地，我相信哀号之声绝对不像本世纪前两三次出现的那样响亮。庞大的济贫制度使下层阶级中陷入困境的可能性减小，这种制度是英国文明的一大特点，在特别紧张的情况下，庞大的私人慈善救济金还可助它一臂之力（现在的情况便是如此）。我也注意到，英国的有些地区，各种眼光敏锐的劳动者团体，选择这样悲伤的日子作为罢工的良好时机。当工人阶级起来以罢工为消遣时，我想形势可以说有其欢乐的一面。然而，北方的情况极为困难，而且全国上下，普遍有缺钱花的一种感觉。《每日新闻》已派遣一名记者奔赴大工业区，最近三周，几乎每天早上都有一幅关于处理约克郡和兰开夏郡某些地区悲惨境况的精彩画面和早晨的茶点一起端上桌来。这项工作很好，而且我认为非常值得，因为这一做法好像已对富人的金钱支配产生了明显的影响。在英国，没有什么比呼吁所取得的成功更触目惊心的了。无论是什么季节、什么原因，这个国家似乎总有足够的钱和极大的仁慈之心对此呼吁作出充分反应——这可是一个非凡的事实，因为人们记得在一年之中，一刻也没有中断"呼吁"的习惯。另一件同样触目惊心的事或许就是慈善财物分配的科学达到了尽善尽美的程度——人们分析、组织慈善活动，并使之成为一门精确的科学。你发现慈善问题长期以来在政府管理问题中占有极为重要的地位，而且得到了经验和运作的全力协助。那么这一发现对于沉思的意识来说是减轻了还是加重了压力呢？的确，英国有一些方面，人们只能暗暗注视。

　　快到圣诞节时我离开伦敦，到北方，也就是这个国家我不熟悉的一个地方过节。最近好几个礼拜，首都的魅力由于天气特别恶劣而黯然失色，因此，这时离开伦敦就可能会没有一种牺牲的感觉。当然，说伦敦多雾已是老生常谈了，当我们现在在这里看伦敦时，这一简单的说法并未使大自然脸上泛起红晕。然而浓雾连绵，在当前这个冬天，层层叠叠的黑幕厚得让人难以忍受。这种浓厚的幕拉下来又吸收了屋顶的烟，把烟悬浮在街道上空，到了密不漏风的程度，而且把它逼进人的眼睛，塞进人的喉咙，所以人们简直成了瞎子，心里也感到恶心——这种特殊的瘟疫，今冬比平常频繁得多。正好在圣诞节前，又来了一场暴风雪，即便是一场小雪，伦敦也只好由它摆布了。这种纯洁的象征几乎立即变成了黏糊糊的铅灰色的烂泥，出租马车要么藏起来不见了，要么驻扎在一家酒馆耀眼的窗户前面，那窗户透过雨雪交加的黑暗以俗不可耐、气势汹汹的神气注视着落魄的行人。要想恢复神经的平衡，只有一条路可走，那就是逃逸——逃到乡下，把目光投向一个令人羡慕的家庭的广阔空间，因为在这个季节，这些家庭充满了欢声笑语，表现出特别的热情好客。这样，你便重新获得了平衡——这是你由衷欣赏的情景。英国人发明了许多伟大的东西并使之成为民族性格中的一份光荣，其中最完美、最具特点、巨细必究、全盘掌握，因而成为展示他们社会天赋和行为举止的一样窗口一般的东西就是装饰讲究、管理到位、陈设齐全的乡村庄园。充满感激之情的外邦人于一个严寒冬日的下午，六点钟的茶点即将开始之时徜徉在这样一座住宅漂亮的书斋里，便产生了这些遐想——还有别的一些想法。那样的地方，那样的时辰，在令人愉快的事件中比比皆是。然而我疑心，两个礼拜前，在我头脑中留下不可磨灭的印象的这一事件，只不过是间接地跟奢华的炉边的魅力联系在一起的。我谈到的这个地区是一个人口密集的工业区，高大的烟囱林立，天空灰暗，沙尘弥漫。一位夫人向一所济贫院的孩子们赠送了一棵圣诞树，她邀请我与她一同前往济贫院帮她给孩子们分发玩具。在一个严寒的圣诞节前夜的黄昏时分，我们驾着布鲁厄姆四轮马车，车上亮着灯，驱车进了一座面目阴森的济贫院里白雪覆盖的四方院落。以前，我还从未去过英国的济贫院，而这一座由于记忆的帮助，把我带到了《雾都孤儿》①早期的一些章节。我们穿过一条条寒冷、凄凉的走廊，就是板油布丁的香味和圣诞节的欢乐氛围，也无法赋予它一种热情好客的气氛；接着，我们来到了院长的小客厅，看到客厅里摆着从慈善观点来看绝对不算简单的饭菜的残余，看见躺在沙发上的一位满脸通红的先生睡觉的姿势，一切似乎都心领神会了。等了一会，我们被领进一个寒气逼人的大食堂，照明的光主要来自那棵圣诞树上忽闪忽闪的小蜡烛。来到我们面前的是济贫院的一百五十来名孩子。他们刚才还在吃一顿丰盛的晚餐，所以对那种解馋的滋味仍然有一副念念不忘的神气——围嘴上和红红的小脸蛋上还有这一活动留下的别的痕迹。我说过，这个地方使我想起了《雾都孤儿》，我在这群小不点儿中扫视一周，想要找一个看上去可被派去进行传奇式冒险的孩子的身影，然而，他们一个个都是俗儿俗女，他们的确是肉眼凡胎，其中有一些好像还是白痴。他们排成队，依次接受送给他们的小礼物，然后又紧紧地挤成一团，提高他们沙哑的小嗓子为他们的女施主唱了首凄婉的赞歌。这是一幅我永远也不会忘记的

---

① 英国小说家狄更斯的长篇小说，写的是幼年在济贫院生活过的同名主人公的经历。

英国的新年　　197

画面，因为它把诗情画意与平淡邋遢奇妙地交织在一起——破旧、空荡荡的大屋子里行将消逝的冬日的天光，站在圣诞树闪烁的烛光中的娇媚慷慨的夫人，这群目光呆滞、心头纳罕却面无表情的小不点儿。

一处英国海滨游憩胜地

　　我刚刚在肯特海岸的一处有名的游憩胜地待了几天，尽管这种事情绝对算不上空前的壮举，但对于一个真正有心眼儿的人来说，机遇大小都会有所裨益，印象多少总有一点价值，我便不揣冒昧写了一篇游记。从表面上讲，这次游览缺乏新意，不过我怕它给了我如许乐趣，就好像游览黑斯廷斯的主意也是我自己的一件发明似的。这绝不是说这个城镇最大的特点就是一味地为游客提供娱乐。黑斯廷斯和圣伦纳兹并肩而立，展现出一条连绵不断的滨海设施，长度有多少英里，我是不敢贸然估算的。不过一点就足以说明问题，当我从该地区的一头走到另一头时我觉得我是穿过街景走了一段漫长笔直的路，自从我上一次把人山人海的百老汇从头到尾走了一遍后，还再没有过这么强烈的印象。这并不是一种能够唤起任何魅力的意象，必须承认，黑斯廷斯的美并不在于它温婉平和，错落不齐，也不在于它草木葱茏，如同田园。如同英国所有较大的海滨游憩胜地一样，黑斯廷斯只不过是一个小小的伦敦 super mare[①]。如

---

　　① 法语：高级水塘。

果有人肯费心寻找，在英国总会找到优雅的东西，或者至少是如画的景色。然而，必须承认，在黑斯廷斯，这种因素并不像可能会有的那么显眼。我早就听说它被人们说成一个"乏味的布莱顿"，而且这种说法是存心要抹杀这个地方的。其实——这就是爱追根究底的人的犟脾气——这种说法非但没有消除反而助长了我的兴趣。我倒是产生了这么一种想法：倾听那些被另外一位作曲家用来划掉某种表达出来的音乐观念的变奏曲，往往得到不少乐趣，但要听明白布莱顿的变奏曲，也就是那些可能出现的主题装饰，也可能同样叫人着迷。连绵四五英里的寄宿舍和旅馆越过一个"检阅场"眺望着大海。"检阅场"上琳琅满目：有铁长椅，有手风琴和德国乐队，有保姆和英国的小宝宝，有悠闲的绅士淑女——看上去闲得发慌，并且极力想从这种悠闲中挣脱出来，但往往事与愿违——这就是布莱顿和黑斯廷斯共有的一大特色。布莱顿显得花里胡哨——给人一种邪门、黄色的感觉——这就给景色赋予了一种快乐、随便、多少有点儿庸俗的异国情调。黑斯廷斯却非常灰暗，非常淡雅，富有英国情趣，其实正因为我觉得它极具英国特色，我才对它另眼相看。假如一个人要搜集对一个民族的印象，并且想了解他们，除了美之外，凡是有特色的东西都是有意思的。构成英国风格的细节多如牛毛，所以一个异邦人偷偷勾勒的那幅画像，总容易接受新的笔触。其实这就可以说明他为什么立即有滋有味地记录下许许多多的细枝末节，而这种品位对那些跟他处境不同的人来说，往往显得即便不是荒唐，也是有些夸张。他的脑海里已经对他生活于其中的那个民族的文明形成了一幅图画，在他勇气十足的时候，他就会不揣冒昧地说他是在研究他们；他已经对他们的风俗习惯，他们的乖僻习性，他们的社会体制，他们的总体特点和习性勾勒出了一种图像，一旦他在自己想象的密室里悬挂出这种粗略的漫画，他就会发现要对它润色、填充，还有大量工作要做。无论他走到哪儿，无论他看见什么，他都要添上几笔。我在黑斯廷斯就是这样打发时光的。

譬如说，我发现选择旅店——选"检阅场"上的皇家饭店，还是选一条小街上的驿马邮递时代遗留下来的老客栈——是一个比表面上表现出的有趣得多的问题。一位朋友把后者描绘成"熟了"，这个形容词就把问题搞复杂了。"熟了"这个词如果用到了旅店上就是一种状况的比较级，"霉了"可以说是这种状况的最高级。如果你能在这种倾向的比较阶段就把它牢牢抓住，那你就会一帆风顺。然而难就难在，如同所有的倾向一样，即便在初级阶段，它也包含着过火的萌芽。我想"天鹅"旅店很有可能熟过了头，但我想，"皇家"宾馆同样更有可能半生不熟。可以说我对各个"皇家"宾馆有所了解——我知道它们的体制结构。我可以预见到一名神气十足的年轻女子坐在楼下的一种玻璃笼子里，面前摆着分类账本，以优雅的语调表达出对一位竟然不"想要"一间起居室的先生的轻蔑。我们在美国感到畏惧的叫作饭店职员的那种工作人员在英国则全是女性，她们必要时，是能够眼高于顶、目空一切的。这里的大饭店几乎总是由大公司拥有、经营的。公司的代表就是一个体形优美的女子，她所属的那个阶级的成员被人特别称作"堂客"。房间的服务员是一个年轻女人，游客则是一位女士，然而占据玻璃笼子的，也就是给你钥匙，给你指定房间的，她的情况我已经提到了。这些"堂客"由于自己的社会地位含糊，所以有种种报复手段，我想正是由于依稀记得先前已经多次感受到她那痛苦的心灵的重压，我才决定寻求档次较低的小店的热情接待，因为在那里一个本身档次不高的人很可能受到一定的关照。结果，我在天鹅旅店受到的热烈欢迎使我受宠若惊。一旦在那里安顿下来，毕竟还要了一间起居室，整个事儿便具有了我所企望的所有的地方色彩。

有时候我有理由抱怨抱怨老式英国旅店的简陋和发霉，有理由觉得在诗歌和小说里这些缺陷都被难以饶恕地掩饰过去了。然而有天晚上我独自思量，在它的某些邋遢的一贯作风中有一种年高望重的体面，而且在一个举止得体的观念将其古老的坚定性快要丧失殆尽的时代，对一个多多少少不坚守着那种衰微了的礼仪的机构应该公平对待才是。周游世界时受到一位绅士的礼遇当然是一种满足，这种满足按照现代科学来看，似乎是一个以赢利为目的公司所提供不了的。我有一位老朋友，她是一个禀性保守得令人赞叹的人，不久以前我正是从她那里得到这种启示的。这位女士跟她的女儿待在乡下的一家小客店里；女儿，我们姑且称 B 太太，比母亲早几天离开了那家客店。"你喜欢那个地方吗？"我问我的朋友，"它还舒服吗？""不，不舒服，不过我喜欢它。它破破烂烂的，而且还敲了我的竹杠，不过它仍然讨我喜欢。""这种不可思议的魅力到底是什么？""呃，我要走的时候，老板娘——她可把我美美宰了一顿——

来到我的马车前，行了个屈膝礼，说道：'夫人，请代我向 B 夫人致意。' Que voulez-vous？① 这一点就讨我的喜欢。"黑斯廷斯有一位老堂倌，他是精于此道的——他是一名在该店干了四十年的老堂倌，他与其说是一名单个儿的堂倌，不如说是堂倌这一行的精神、传统的化身。他已经到了凋零疲敝的境地，风湿病缠身，但他仍集严父与恭顺、达观与拘谨于一身，而这种品性似乎只要赏一枚小小的硬币就算大体上得到了报答。我不喜欢吃罐焖野兔，不管是把它当作一道小菜，还是当成一道主菜。然而这位老练的招待却有办法给你上这么一道菜，他那副神气顿时就叫你心服口服；这道菜是值得认真考虑的。顺便说一下，野兔在经受那种神秘莫测的罐焖操作之前，人们可以看见，它是和精选出来的其他各种珍馐美味一起悬挂在旅店酒吧的挂钩上的。你在旅店出出进进的时候，可以仔细琢磨一下这种初级形式的菜单，然后你就用手杖指点一下一块看上去鲜嫩的牛排或者一只诱人的家禽，以便配制你当天的饭菜。老板和老板娘总在酒吧的门槛上，一面擦着一个铜烛台，一面向你致意。这地方弥漫着兑了水的朗姆酒的香味和商客谈天说地的趣味。

　　然而，这种描述缺乏斯文成分，所以我不想再写下去，因为我如果要遗漏一种如此典型的特色，我就会提供有关黑斯廷斯的一种非常错误的印象。我想，这就是给我印象最深的斯文成分。我知道我刚才贸然使用的这个词是当代趣味所不齿的，所以我不妨明明

---

　　① 法语：您要什么？

白白地说，我认为谁想要画一幅英国风俗画，这一点是不可或缺的。要观察英国的习俗，企图不顾这一点而要有所进展，那纯属徒劳。一个人可以泛泛地议论议论异域生活——议论议论法国的、德国的、意大利的风俗习惯——而从来感觉不到有必要使用这个让人浮想联翩而又莫名其妙遭到贬抑的形容词。一个人可以审视美国文明引人注目的面目，而没有必要用这种说法。然而在英国，拐弯抹角绝不行——非用这种说法不可。如果想谈及英国冬季海滨游憩胜地却又避而不用这种说法，那就等于彻底丧失了那种分析精神。对于一个异乡人来说，这个字眼无论如何是无价之宝——再没有比它更方便的了，我居然可以脱口而出。看到一长排一长排黑黢黢的泥房子，一楼起居室——那一部分住宅按寄宿舍的说法叫作"客厅"——的窗户里悬着一张写着"公寓"字样的纸板，我的脑海里立即涌出这个字眼来。的确，样样东西都有这个字眼的意味——凄凄惨惨地排成一行供人租用的轮椅；装饰着皇室成员和兰特里夫人①的近影的不计其数的高级商店；检阅场上的小阅览室和流动图书馆，那里有当天的报纸，摆放得整整齐齐，交一点点费用就可以尽兴阅览，还有当令小说，摆得像养蜂场上的蜂巢；伸进海里的长长的码头，在门口交一个便士便可以入内，你就可以在那里欣赏不知疲倦的乐队演奏的音乐，经受好几个小摊点兜售工艺品的诱惑，目睹当地上流社会个人的风采。不够斯文的只有那秋波扑闪撩人、

---

① 兰特里夫人（Lillie Langtry，1853—1929），英国女演员，以美貌和与后来成为国王爱德华七世的威尔士王子的艳情闻名。

媚颜涟漪荡漾的大海。不过，我真想说，在黑斯廷斯，如果大海不斯文的话，那海神的表现就更差，因为触动我的却是英国人的得体的行为和庄重的礼仪中讨人喜欢的一面。黑斯廷斯和圣伦纳兹由于漫长温暖的滨海区和它们多如牛毛的小巧便宜、舒适方便的服务设施，为英国中产阶级文明提供了一种梗概，其优势美国人万万不可等闲视之。我并不认为黑斯廷斯的生活就是世界上最激动人心、最令人满意的，但它无疑有自己的优点。假如我是一个收入不高、习惯良好的安静的老太太——甚至是同一类型的安静的老先生——我肯定会去黑斯廷斯的。在那儿，到处是小商店、小图书馆、轮椅和德国乐队，有检阅场和长码头，气候温和，物价适中，有高度文明的意识，我会享受到一种没有原始或粗野气息的清静。

温切尔西，拉伊和《丹尼斯·杜瓦尔》

I

最近我经历了一次文学探幽活动，随后虽然没有出现有时候紧接在探幽活动之后的那种疲惫，却引发出一番深思。这次探幽活动本身并非惊人之举，我之所以提起它，坦率地说，仅仅是为它的后果着想。这种活动也无非是再次拿起一本老书，想发现某种期望的光，结果却发现这光其实不在那里发亮，恰恰相反，它却是从我一心想要帮助的对象那里投射到书上去的。简言之，情况是萨克雷留给我们的《丹尼斯·杜瓦尔》迷人的残章断篇主要描写的是两座古老的小镇，事实证明它的有关描述却比我预想的要少得多，然而，话又说回来，这两座古老的小镇又出人意料地激发出对《丹尼斯·杜瓦尔》的感想。重读萨克雷是为了帮助我进一步接近温切尔西，突然之间，我意识到温切尔西——我已经对它有所了解——正在帮助我接近萨克雷。在这一帮助中，它由于得到它的小姊妹城拉伊的支持，所以把一个完整的问题摊开了，而这个问题反过来又对一个幸好已经非常敏锐的感受增添了一番风味。温切尔西和拉伊联合起来形成了一个非常奇异的小角落，而要对这本未完成的书中关于小镇的描述诚恳地做一番衡量，这就使我要对它们进行一番更加贴近的观察——也许甚至是一种更加珍重的观察，同时又使我深思，一般的书，即便是已经完成的，可能会如何描写一些奇异的小角落。

我敢说，我之所以说《丹尼斯·杜瓦尔》"老"，主要是因为要给年龄小的读者造成一种印象。我毕竟还清楚地记得它初次发表在早期的弥足珍贵的《康希尔杂志》上的那种诗情——那些日子，即便在《鳏夫洛弗尔》和《菲利普》问世后，萨克雷每有新作，总会引起轰动。而《丹尼斯·杜瓦尔》每登一期都有一幅弗雷德里克·沃克的素描，从画上绣花的胸部看，有可能像《埃斯蒙德》。再说，如果说它几个月后戛然而止，这其实使它既有所失，也有所得。如果众神垂青哪些男女，他们就会英年早逝，要是此话当真，那么艺术作品也与人同理。《丹尼斯·杜瓦尔》无论怎么说都很美，日后再细细品味又是一次美的享受。最后阅读，再次感到美不胜收，只不过这种美有明显的不同罢了，而这恰恰就是我的文章的立足点。这种美，尤其是小说的美即作者的美的那种美——我想，这也正是在五十年里，读了一本又一本书之后我们发现自己达成的共识。我们的欣赏品味不断变化——在这个世界上，由于经历在不断冲击，它怎么能不变呢？——然而，幸好我们的感情不变。当然有些书，批评在我们感到合适的时候，一味地奉之为圣经贤传，随后，又跟奏乐跳舞挂起了钩，于是我们便拥有了一种相当于狂喜的文学乐趣。然而在很多情况下，我们磨磨蹭蹭，表现出一种痴情的冷漠，表现出一种既往不咎的成分，它绝不是没有丝毫的敬重之情，但显然也不是以我们的一种高度的满足为基础的。不管怎么说，每个人在这个问题上，也只能表达自己个人的见解。毫无疑问，这个问题也属于那种幻想全面丧失的时代——就幻想纷纷离去而言。这样，喜欢某一本书的理由就更高明，至少更充分，似乎该书本身最终也无法提供那样的理由。让那种从来就感觉不到其人的正规的批评家遭殃吧。你可以尽管喜爱《古董专家》，因为它就是司各特。你可以尽管喜爱《大卫·科波菲尔》——我不说你尽管阅读它，因为这是另一码事——因为它就是狄更斯。同样你可以尽管喜爱《丹尼斯·杜瓦尔》，因为它就是萨克雷——这种喜爱，在最后这种情况下，就是我说的魅力的逻辑。

人人都记得，这本书的叙述是自传性的。那位屡遭打击，但又相当富有，磨去了棱角，但又十分敏锐的老丹尼斯在冬天的火炉边回顾坎坷的一生，他娓娓道来，极具感染力——他是个训练有素的文学艺术家——给你讲述这个故事。他多次闯荡过大海之后，我们在一个平静的海港里看见了他，而且得到了关于事情的"快乐"的一面的大量证据——毕竟大多数都是最天真烂漫的读者所需要的。对于好奇的心理来说，这种证据几乎是过分的，或者至少是草率的，因为他一再向我们挑明，他后来的伴侣，也就是坐在他身边的那位叫人佩服的妻子，压根儿就不是别人，只不过是他青梅竹马的意中人，也就是那个很快出场的比他本人年纪略轻一点的法国小孤儿，尽管还有种种希望把线索搞得更复杂一点。这种手法使我们觉得它破坏了"爱情趣味"，因为它明明白白地瞄准了该书主题的具体问题，作者在内心也会这么表现这一主题的。所以到这部作品半途中止时，我们对它的中心思想还看不出一点眉目来；如果那就是作者的本意，那么再没有比这隐瞒得更为成功的了。我们似乎产生了这么一种印象：不管怎么说，就像"爱情趣味"一样，"女性趣味"大体上也没有引发起来，所以更叫人摸不着头脑了。一般来说，故事叙事人从一开头，就按萨克雷的手法，对后来的事情做了大量适当的暗示。然而已经完成的章节只交代了一下他的童年时代，他在温切尔西和拉伊的神奇的孩提生活，两地的社会和私人环境——实际上，在上世纪两个地方一模一样——这一切构成了这种说明的背景。比较近便的东南诸郡，由于那一时期拥入了相当多的法国移民，增加了许多胡格诺教派的逃亡者，变得丰富多彩起来。胡格诺派教会信仰极为坚定，就是对随着南特敕令①废止应运而生的那种险恶的环境也决不低头。苏塞克斯的这个角落——就像它前几个世纪做过的那样——接受了这一批可怜的难民；苏塞克斯的许多姓氏，尽管似乎失去了它们的模样，但并没有丧失它们的颜色——今天仍然能够证明它们这种有趣的起源。这个外来民族中，有的受苦、抗争、沉沦了，有的抵抗、生根、繁衍下来。这样流离

---

① 南特敕令是 1598 年 4 月 13 日法国国王亨利四世发布的一个保证宗教宽容的敕令，1685 年 2 月 22 日路易十四发布敕令取消了新教徒拥有的权利。

转徙，另谋活路，由于要不断排难解纷，一定具有戏剧素材，萨克雷分明在这些鲜为人知的情况中找了一件，做了某种粗略的构想，从中发现了他的原始素材。那种情况，对于一个见多识广、想象力丰富的人来说，可能确实充溢着种种可能的特征，尤其是当场获得的成熟印象以及关于五港同盟①的两个小鬼魂将可能的特征强化了。那两个小鬼魂也就是一对衰败了的山城，它们一度是海滨城镇，现在只是黯然回味着一种引人入胜、众口称赞的如画景致，以此迁延时日。《丹尼斯·杜瓦尔》似乎只能被构想成一件"如画的景致"，然而这一点恰恰可以作为试图重现它的理由。

看得出来，小小的山顶社区还没有完全销声匿迹，它们结实的城墙和坚固的城门人们还记忆犹新，所以拉伊和温切尔西仍然固守着那种模糊的身份。因为这依然是它们坚强的支柱，固守着盟主领导下的"古镇"的地位（名气大的有五个，后来数目增至七个）。盟主尽管是个空衔，但偶尔还有十分荣耀的时候，那次最出名的盟主任命仪式——对我们的时代而言——留在了朗费罗追悼威灵顿公爵的精彩的诗章里。大海从前是敌友参半，早就按照各镇的性格开始躲避它们了，而现在这两个小镇却皱眉沉思，眺望着两三英里之外那条笔直的蓝色的带子，它讲述着它们做过的贡献，它们抱过的幻想——可怜的温切尔西的幻想尤其荒诞不经——以及它们反复遭

---

① 从12世纪起英格兰东南沿海专为王室提供战舰和人员用来保卫英吉利海峡的五个港口，包括黑斯廷斯、多佛尔、桑威奇、罗姆尼、海斯，后来温切尔西和拉伊也加入其中，威灵顿公爵曾任同盟的盟主。

遇的极大的麻烦。它们屡屡遭受法国人的宰割，似乎没有多少与这些自古就有的邻居为伍的兴趣，尽管他们已经穷途末路，解除了武装。然而后退的海水甚至在两个世纪前就已经把那种危险置于一种完全不同的基础之上，实际吸收的某些古老进程的恢复和再现在萨克雷面前成了吸引人类历史爱好者的一个问题。艺术家突然碰上一个能"迎合"他的主题的背景，或者能迎合他的背景的主题时，首先产生的惊悸总是喜出望外，令人艳羡的。十分不幸，《丹尼斯·杜瓦尔》的编者按没有说明是温切尔西把这种研究的想法灌进了他的脑袋呢，还是他心里总是怀有这种想法，后来他独具慧眼，把这种想法扔在温切尔西。实际上，看样子跟后一种情况有关，因为小说的残篇断章本身没有任何明确的证据表明萨克雷独具慧眼看见过这个地方；这也恰恰就是那些向批评家提出挑战的含糊问题之一，也是我在本文一开始就提到的那种出人意料的表现。至少按照后来流行的观点来看，该地给那位切实的观察家 ① 所提供的就是一种所见物体的印象，一种具有现象和提示、情景和颜色的东西。然而它给萨克雷——或者给四十年前的情趣——又提供了些什么，致使他如此古怪，硬是不给我们一点杂乱的线索呢？今天的读者的印象是，我们手里占有的那些章节其实可能是作者并未曾亲临该地就写出来的。而且正因为如此，正如我一开始就说的那样，这些章节给我们个人的想象提供的东西太少，而这种影响本身对于该书所作

---

① 即文本作者。

的提示则很多。

显然，环境尽管自我"表现"得很少很少，但它想方设法进入画家的画室；何况，我们是经过独立思考认识这一点的，我们也明白画家有自己内心的秘密和自己的理由。杜瓦尔那小小的家离开故土阿尔萨克斯的重压出走，去寻求安全，并在按爱德华一世失败的设计方案建造的那座缩小的小城——最后简直成了一个小村——找到事干，并延续了三代人，一直到本世纪①，这一家人按照当地当时的风气苦干、睡觉、走私、挥霍。这些社区在它们长期没落的过程中似乎除了跟别的海岸偷偷往来外，再没有什么事干，长此以往，他们就精通了我们所谓的"挫败"税务官员的诀窍。你不妨想象一下这样一种小康生活，它从一开始就扎根于祖先的不轨行为里，这些行为由于狡诈多变，倒也不显得过分粗野——黑夜里的阴谋圈套，惊慌窜逃，总是风风火火，东躲西藏，随时都可能把绞索套到大多数人的脖子上，时至今日，这就是拉伊传奇的一个组成部分。这些小康人家，有些人如果不是走私犯，就是记录在案的拦路盗匪，他们头蒙面罩，手持凶器，横行无忌；确实在一般场合，正如那位假定的史家所描述的，这些似乎是主要特色。剩余的特色就是这位史家个人情况的特色了，口若悬河、漫无边际、喜爱惊叫和说教的丹尼斯具有他的塑造者出神入化的风格，我觉得其实这就是表现得最酣畅淋漓的他个人的情况。他使用《转弯抹角的随

---

① 指 19 世纪。

笔》①的语言，简直到了惟妙惟肖的地步。所以，如果把里面的第三人称统统改成第一人称，再把他偶尔使用的现在时用过去时取代，文章的其余部分就用不着做多少改动了。这种不完善的统一在所难免——把你自己表现成别人从来没有徒具你自己的形式那么困难；仔细品味难免产生很多感想，其中的另外一个感想就是小说的叙述人是否有轻言妄断之嫌。当然可以这么说，确实出现的情况是萨克雷抢先使用了他的主人公的习语。这样一来，丹尼斯写高度"发展了的"19 世纪英语的现象也许并不像他的创造者在《转弯抹角的随笔》和别的地方所写的经过改造的 18 世纪英语那么精彩。然而如果深入进行考察，也许批评最重视的不仅仅是自传作者的人称和语法问题，而且还有他的道德感情特色。他的思想和感情的风格和他的说话风格一样"转弯抹角"。

这样就引起了一连串的惊异，引起了一连串的好奇和遐想，对于这一切，说实话，我处于一种两难的境地，一方面我深受那些魅力的吸引，另一方面我又想立即公平对待我写的对象的其他一些现象。我提醒自己，高明的办法——可能并非徒劳无益——就是妥善处理，二者兼顾。严格说来，天长日久之后，这本书突然抛出的问题几乎具有不可抗拒的魅力，因为这些问题涉及了截然相反的时代和情趣。这本书问世还不到四十年，然而，它已经从正面和反面指向我们已经远远撂在身后的一种总的诗意——而这是超过了该

---

① 萨克雷的小品文集。

书的一切趣味的。是不是作者受到了误导，对读者大众"需要"什么，不需要什么早已心中有数？我以为，直截了当地看，读者大众实际上丝毫不具备需要的能力，而只有无限制的接受的能力——接受（不管它是什么）能够让他们张开嘴巴的东西。于是不需要有先见的代价，甚至在张嘴这个问题上，他们的意识也仅限于怀疑在一种特定的情况下，这个窟窿已经张开了还是从来就没有张开过。我们因此就可以想象：萨克雷充分意识到，由于凭借自己敏锐的眼光来工作，他自己就构成了他必须认真对待的读者大众。另一方面，他的时代也相应地参与了对他的塑造，这种塑造的一部分后果显然就是他对画面的极力回避。正是这一不解之谜迫使我们假设：在某种怪异的场合，他有曲意逢迎的表现。难道说他心里害怕，即便他能做得到，在 60 年代初，"描摹"也不会受人欢迎？今天站在温切尔西那高高在上、松松垮垮、阳光明媚、人来人往的广场上，不可能心里不纳闷他到底在想些什么。肩挎画架，头戴遮阳帽，手打白伞的女士们历历可见——往往也看得出，她们身上再没有有助于成功展示的东西。可是我怀疑是不是正是这些怪异现象掐掉了他想象的光华，因为在那些比较宽松的日子里，这些现象的出现远远不是那么频繁，而且它们也构成一种理由，认为与其把那个地方轻描淡写几笔还不如索性不要碰它为好。至于什么要使读者用灵眼观察该地的冲动，字里行间绝无任何表示。我们必须很快亲眼看看这个地方，即便冒天下大不韪，也在所不惜。因为温切尔西奇怪、独特、迷人。他能——是啊——作何感想呢？我们总要一口咬定说他已经放弃了他的主题，后来我们又突然想起，直到此时此刻，我们就从来没有真正弄明白他的主题应当是什么。

　　从来没有一个秘密保守得如此密不透风。如果把残篇断章通读一遍——它毕竟有二百五十页之多，如果把卷尾的有趣的编辑注释也通读一遍，如果你再特别拜读一下里奇蒙·里奇夫人新近为她父亲作品的一个力求完备的新传记版写的一系列迷人的序言里涉及丹尼斯的简短回忆，你还是抓不住一点线索。这是世界上最令人困惑的事情，然而就是没有线索。关于这本书，有一些出自萨克雷之手的提示，也就是一些关于琐事的备忘录，尤其还有一封写给他的出版商的离奇古怪的信，然而他自己心里所掌握的那条线索从来没有显露出一点蛛丝马迹。按照残章的编辑的说法，在那封写给出版商的信里，萨克雷为那位先生"勾勒了一下他的情节，以供参考"，所以信读起来好像在故弄玄虚，叫那位先生一时无话可说。萨克雷摆出一副要倾诉衷肠的架势，其实对他什么也没有讲——我指的是，关于他准备积极投入（而不是打退堂鼓）的任何锦囊妙计什么也没有讲。如果他要收回这张牌，等合适的时候再打，他出牌也不会有丝毫的差别；今天人们会毫不费力地构想出一幅他为自己外交手腕的成功而暗自窃喜的画面。这到底是一张什么牌？创作一部小说也许跟骑马在乡野驰骋最为近似；名副其实的小说家——也就是说，真正有地位的小说家—— 不顾篱笆沟坎，对他的主题紧追不舍，就像身手敏捷的猎狐手带着他的猎犬紧追为他大显身手而惊起的猎物一般。狐狸就是小说家的构想，当他跃马前进时，他就奋不顾身，朝着狐狸跑的方向直追过去。然而放下《丹尼斯·杜瓦尔》以后，我们却感到自己不仅远离了猎物的气味，而且就从来没有真正跟上作者闻到那种气味。狐狸已经跑远了。毫无疑问，它没有把我们引得更远，如果说——也有可能遭到非议——作者的主题不多不少，恰恰就是他小说的主人公的历险过程，则毫不为过。因为，就是让事态按我们的意愿发展，这些"历险活动"充其量也不过构成了它的"形式"。如果妄言这些历险活动只不过是随心所欲，未经选择，妄言如何取舍，作者心中根本没数，那则是对一位大作家身后英名的公开冒犯。显然，这本书本来就像孩子们说的那样，是"有关"历险经历的。可是历险经历又跟什么有关呢？萨克雷把这个秘密带进了他的坟墓。

Ⅱ

如果我刚才把温切尔西说成一个人来人往的地方，那就让这个过火的字眼留在这儿，权当对那段可悲的城市小史的一种无力的赞颂吧，因为当我们茫然四顾时，这个地方总要求我们把它重现出来。我有一张古老的、装饰极为讲究的苏塞克斯的小地图——引人注目地证实了这一角海岸上海陆关系的变迁——上面"淹没了的老温切尔西"是由一个远在海里的圆点标明的，看了叫人黯然神伤。如果新温切尔西也算老，那么那座更早的城镇今天只不过是一个传说的模糊的鬼影，它的旧址——与后来的新城相距好几英里——由于海岸的不断变动而难以确定。经受过 13 世纪近百年的风吹雨打后，它实际上于 1287 年被一场狂风暴雨彻底摧毁，因为那场大风暴揭起了一片片沙滩，改变了一条河流的河道，粗暴地破坏了很多东西的面貌。随后有一位伟大的英格兰国王下诏易地重建该城，我们只消了解一点历史，就可以知道一次全城搬迁的情况，有关的画面、古迹常常为我们展现出来。温切尔西的幸存者被移植了，而且是堂而皇之地移植了。"新"社区的生命也十分短暂，它坐落在一座悬崖状大山的宜人的平台上，在金雀花王朝①时代是一个经受海浪拍打的令人艳羡的海岬。大海环绕着它的基础，从它身旁经过，向东向北，形成一个长长的海湾，再伸展开去，横过现在羊儿吃草的那块平地，直达稳固的小邻居拉伊，拉伊高踞在一个较卑微的高地上——无疑傲气稍逊一筹。今天，你站在远处，看见的是一幅由小巧紧凑的金字塔形的港口形成的倩影，而在当时，它的身价肯定比现在要高。那时候那两座"古镇"隔水相望，那片水面几乎把缩成一团、教堂压顶的拉伊围成了一个岩石岛屿——那片水面有太多的话要对两座古镇诉说，无论在险恶的岁月，还是辉煌的时代，然而它开口太早，结果又无话可讲。如果说早期的温切尔西注定要受"水淹"之苦，那么后建的新城却要经受位置过高、环境太干的打击。这座山顶上的海港——真是独出心裁——几乎还没来得及像我们时下说的那样"启动"，就开始看出自己来日无几。大海

---

① 指从亨利二世登基（1154 年）到查理三世驾崩（1485 年）这一时期统治英国的王朝。

和海岸从来都没有和平共处，最明显不过的却是，占上风的并不是大海。温切尔西仅仅来得及做一场美梦——一场不足两百年的梦——然后希望就化为苦水，豪言沦为哀号。在它短暂的一生中，温切尔西确实扬言要与伦敦港一争高低。命运的嘲弄现在却坐在它的空怀里，然而哪怕是一个受挫的《丹尼斯·杜瓦尔》，伦敦港却从来没有给予启示。

尽管温切尔西做了一场梦，但她至少也干了一些活，她那大教堂恢宏的断壁残垣，巍然屹立在那半途而废、布局对称的广场上，帮助我们找到了她那深厚虔诚的信仰。她至少按自己的信仰进行修建——她按自己热切的想象做出规划。坎特伯雷的圣托马斯教堂里——这座建筑也正是为圣托马斯而建的——爬满常春藤的高坛和耳堂，给我们展现出一种宏图大志。它们不像博韦的遗迹那么宏大，但几乎和它一样壮丽、神奇。圣坛和耳堂未竣工的一侧用墙围着，目前来讲，这就是教堂的全部，这座教堂的拱门和窗户轮廓雄伟，哥特式坟墓美丽非凡，总体设计恢宏高大——幸免于修复——成了当地的一大奇观。此时此刻——如果你沉溺于那种情绪的话——你兴许感到微微有些激动，当你估量着这座建筑计划的规模和中殿与耳堂的可能的占地面积时，你甚至不由得泪水盈眶。在夏日的暮色里，你发出一声幽微的赞叹，它穿年越代，传入苍天知道是什么样的无名野鬼的耳朵里。那块广场——显然只不过是很多广场中的一块——放在纽约或都灵也都般配，因为其中最古怪、最动人的一点是这座重建的城市是要按照最受人赞同的现代方案建造的。对于走马观花、浮想联翩的游客来说，再没有比这个证据更引人入胜的了，那就是伟大的爱德华在设计这种便利的棋盘式的城市规划图方面，已经开了我们大家的先河。诚然——人们已经注意到这样一件事实——庞培早已是他的先声，不过我怀疑，他未必对庞培有多少了解。在夏日的暮色里，他的那些空想中的林荫大道和十字街蔓延开去，化为纯粹的传说和神秘。刚才我把这些残破的堡垒的堡门说成"严紧"，我还把堡墙说成"紧凑"，然而温切尔西的规划毕竟包含着一种宽松的环形地带。今天，昔日那模糊的腰带已经消失在羊群吃草的田野里了，消失在巨树簇拥的园林里了。苏塞克斯橡树是以雄伟出名的——过去，国王的舰船正是苏塞克斯橡树造的；拉伊之所以不断应召，承担向皇家海军供应舰船这样一个光荣而艰巨的任务，全靠她掌握着这种木材。这种情况无论在霍洛韦写的该镇的历史中，还是在今天的琐事前面，都显得十分奇怪；在重压之下，需求似乎永无止境，供应和服务好像是如此慷慨无私。

拉伊确实继续在她那古老的棕色南崖下制造大船，直到这一行业由于钢铁的采用遭到重创为止。这可是最后的打击，尽管就是现在你站在崖边上仍然可以看见种种景象：最好是站在一个古老可爱的小花园的阳光明媚的开阔的露台上——花园的其他三面分别有棕墙、红墙、玫瑰花，另一面由一条长满青草的鹅卵石铺成的宽阔、僻静的街道与花园主人的宅子隔开，园内有一个玻璃门面、内镶嵌板的古老的小亭。我认为，这就是世界上最适合萨克雷构思他的故事的那个特殊地点。亭子里地方不大，但摆那张遭受重压的桌子和那把歪椅子的地方还是有的——坐一位小说家和他的几位朋友的地方还是有的。嵌板上刷的是一种奇怪的油漆，有一种令人肃然起敬的斜面。那小小的壁炉台就在你的背后，南面的窗户，可谓尽善尽美，这座隐庐光线明亮、视野开阔。我得到恩准，偶尔向这个古色古香的容身处窥视了一番，深受感染。而且，我刚才说过，你还可以就近在那小露台上享受空气和景色，被它迷醉，面对此情此景，有什么古老的——什么年轻的——重重幻象和记忆中的形象重新涌进我的脑海，我怎么能说得清呢？有些渺远荒诞的小说是在年纪轻轻的时候就摄取到的，其中有些段落就像一个古老的预兆的回声，萦绕在我的心头，旋即又消失了，我在那里总是把它们想起来又忘记，反反复复，这到底是怎么回事，我又怎么说得清呢？我似乎还是个孩子，躺在哪里的草地上，全神贯注地阅读当时的一本英国小说，姑且认为写得很糟——因为当时的小说都很糟——然后又忘情地想象着另一种跟这种景象完全一样的场景。然而，即便我能找回那本小说，我也不会返回那种情景。它不可能像这种情景如此美好，因为这种情景——全都具体有形，劫数难逃，被认为微不足道——是实实在在的东西。另外的一些小花园，另外一些零零碎碎、弯弯曲曲的棕色的围墙，架起的露台，装有玻璃的冬季避风向阳处，全都歪在几百年之后依然保持着凶险欲坠的形势的悬崖上；下面就是一条河，潮涨潮落，永不停息，河对面是一英里多荒芜的平地，它现在把大海抛到附近的地平线上，一到夏天，碧水幽幽，帆影闪闪，一片宽厚恬淡的景象。岩根上的一座座古老的小船坞大部分都空荡荡的，只有一堆堆模模糊糊的棕色木头，和世世代代积累下来的木片。然而船台上还有一两条渔船——一年才"出产"三四条——而榔头捶打木头发出的清越的响声，在那种地方，是当代人的耳朵很难听到的，这响声穿过阳光普照的寂静，传到你沉思遐想的栖身的高处。

左面，那条受潮汐影响的河蜿蜒流向拉伊港和它的沙洲，在那里，黑色的渔船，有一半时间歪在泥里休息，好像是一簇斜刺天幕的长矛。河水满满当当的时候，望见那浩渺的水光，众多的弯曲，我们不由得豪情满怀；河里空空落落的时候，我们出于含糊不清的原因，说它"低得像荷兰似的"；无论是空空落落，还是满满当当，在天朗气清之时，我们总要尽力把它勾画一番。我说的"我们"，其实就是她们——这样说显得亲切一点。我已经提过一笔，她们大都戴着大遮阳帽，蹲在低矮的马扎上；正如她们常说的那样，她们在往往最难见到白色的地方点缀一点白色。说实话，拉伊就是一门初级图画课，等你基本上掌握了规矩，问题便迎刃而解了。太"古怪"的事情从来就不太容易——太容易的事情从来就不太古怪。尽管人们爱她远远胜过怕她，可惜她却没有一点"风度"，而且用不着精工细笔就可以把她表现得活灵活现。在宜人的季节，她的领地上就会出现形形色色头戴阔边帽的男士，他们把四根指头一弯和大拇指凑在一起，按在眼前，权当一筒小型望远镜，钻研她那卑微的迷人风光，这些男士也往往把自己说成是法国画家，领着一队英美女学生前来写生。他们把学生分散在选定的地点，老师则一直转来转去，使你想起他活像一名手忙脚乱的主厨，炉灶上有好多炖锅，他不时地要揭开锅盖闻一闻，搅一搅。有一些古老的门前台阶由于便于观景，所以这"班"学生便频频光顾，结果房子热心的主人出入时也不得不在画具背包中间踮起脚行走，或者，从天才和勤奋身上飞身一跃而过。我认为，如果说温切尔西受困扰较小，那只是因为温切尔西享受着她那卓尔不凡的豁免权。她处处显得卓尔不凡，实际情况一定比人们第一眼所看到的更难把握。然而，我刚才把她和她的卓尔不凡都扔在了一边，现在我必须回顾一番。不过最合适的时间应当是我们站在拉伊那座古老的小南花园的露台上的时候，温切尔西就从极右的一面，在两三英里平坦的荷兰式的滩地那边展现出来，她那为数不多的红房顶几乎淹没在她那林木葱茏的小山上，从这个角度看，她的全貌遮住了西面海岸十英里之外的黑斯廷斯海岬。

　　我们已经开始溜达的就是她那广阔的荒僻地带，然而，主要是为了测量到她的三座老城门中间坍塌较为严重的两座相去的南北距离。两座城门都垮了，每一座都只不过是废墟中的废墟，然而正是它们这种实际的乡土状态，道出了它们过去应当保卫的范围——一百五十英亩。你可以从其中一座城门下面穿过去黑斯廷斯，一路要绕过一些地势很高的村庄，而且一直都能望见大海；从破败程度略轻的那一座那儿，如果你多加留心的话，就可以得到一本意大利游记中的一幅插图或章尾装饰的情调。那条陡峭的白色大道曲曲弯弯地俯冲下来，到了那曾经雄跨大道如今却十分可怜的拱门所在的地方，而拱门旁边的一棵枝繁叶茂的栗树，正好扮演着那种人们期望的角色——也就是叫你做好思想准备，听听在旅游马车旁吃力的爬坡的 vetturino① 挥鞭的噼啪声。再加上一个光腿的顽童和一只吃草的山羊，全景就都在那儿了。不过，我们就在那个地方转过身来，再爬上坡穿过一个闲置的广场，回到东门前，那可是温切尔西的景致展现得最充分的地方——实际上也展现得令人叫绝——那正是门面。然而在夏日的黄昏，我有一种历史遭到抹杀的感觉，而促成这种感觉的又是什么呢？除了那座教堂，几乎没有什么可以作证，因为那属于当地真正骄傲的穹棱拱顶和地下室——现在化为尘土的昔日商人的宝库，坚固的上层建筑的基础——按眼前的实际情况自然不值一提。早期的房屋早已荡然无存，现存的住宅只用破碎的语气和寒碜的面目诉说着过去一百年、过去两百年的情景。出现过的一切都已灰飞烟灭了，就此而言，除了暗淡平庸的生活，没有出现过任何十分杰出的事物。拉伊有戏剧家弗莱彻，就是那个与博蒙合作的弗莱彻，他是在拉伊出生的。然而温切尔西只有约翰·卫斯理② 的最后一次布道，那是在现在仍供人参观的一棵树底下进行的。爱德华三世和黑王子于 1350 年在一场激烈的海战中打败了西班牙人，那场海战站在温切尔西的城墙上就能看见。不过我必须承认，我的兴趣根本就不在那场伟业上，形势已经改变，我

---

① 意大利语：四轮马车车夫。
② 约翰·卫斯理（1703—1791），英国布道家，基督教新教卫斯理宗的创始人，经常进行巡回露天布道。

是"摆不下"这么盛大的场面的。同样，谢天谢地，对于那几次遗留下屠杀和毁灭痕迹的法军的入侵，我也"想象"不来。话又说回来，我心安理得地看见的却是一种较近的古迹所具有的那种平平淡淡的小画面，为了一瞥这种古迹，我重新打开了《丹尼斯·杜瓦尔》。请问，那位主人公家的理发店又在何处？那些公寓房子又在何处？那些人们喜爱的游憩胜地又在何处？皮肤黝黑的德拉莫特骑士干活消遣的场所又在哪里？这位另一种文明的娇儿，正好在旧制度下，萨韦尔纳夫人与他从法兰西私奔，二人之间如果没有丝毫苟且行为，这么长一段时间，他又是在哪里度过的？他是在哪里过他的小瘾，在哪里享受那不可胜数又不可或缺的好处？沦为孤女的克拉丽莎，寄养在一个人家，那家的少爷狂热地追求这位姑娘，他在落魄之时，是一个半夜三更拦截公共马车的歹徒，那么综合起来讲，克拉丽莎生活状况的总体情况又如何呢？在全部残章中，只有未来的丹尼斯夫人幼年时代的家庭状况上面才悬着这样一层迷雾。然而，这些正是我想知道的东西——尤其是我最想讲的东西。至少我们是能够努力把它们想象一番的；充满了隐约的暗示和淡淡的记忆的拉伊和温切尔西，以及周围那一带地方，最能把我们带进去的就是那种想象场面。说实话，我倒想把我们的小说家关进我们的灵感的小亭里，也就是拉伊的那座塔楼里，他不满足我们的要求就不放他出来。

　　紧挨着东门的是一座位置高妙的别墅，由于挨得太近，其中的一个破门楼就紧紧地靠在小花园身上。别墅的主人是位名媛，在苦心经营之余——我不妨冒昧提一下，她是戏剧界的名流——她来此地怡神休养。这块安身处的小小的庭院由老城墙和陡山坡托起来，位置和视野十分奇特。窄窄的花园伸展开去，好像一块露台，城墙头刚好给它构成了一堵矮墙；正是在这块地方，当夏日漫长的时候，整片土地的温馨古老的灵魂似乎悬在空中。温切尔西这片银灰和翠绿相间的漂亮门面是不是从下面展现出一幅画面就不比从上面给你提供一幅广阔的画面好，这还真好像是个问题。当你把一位朋友从拉伊送走时，这幅画面总给你一种强烈的感受，这是一种始料未及的巧妙手法造成的；这样好像基本上解决了这两处地方哪一处更加宜人的小小的争论——这种争论可以说经常在我们中间出现。重要的一点是，如果你住在拉伊，你就有温切尔西让人参观；要是你住在温切尔西，除了拉伊，你再没有让人参观的地方。十分遗憾，我并不看重后面这种特权。然而什么也改变不了这样一种事实，那就是，首先，粗略估量一下，温切尔西的底座的高度等于它的邻居的两倍；我们都知道在鼻子尖上，一英寸价值有多大。几乎正好就在温切尔西山的下面，跨过布雷德河上的小桥，你走过一排树林，就会看见坡顶上那座古城门的两座圆门楼和拱门，爬满了常春藤，残破不堪，但依然耸立着。那条路无论上下都又长又陡，所以心疼牲口的人在坡底下就下了马，当心脖子的骑车人在坡顶就下了车。再说，那种幽思重重的观察家，由于自成一派，当他一路走去时，肯定会驻足欣赏在高坡上簇拥组合的那些大树，当白日将尽，万物融为一片，它们的形态总使他觉得具有一种经院色调，也

就是透纳 ① 和克劳德 ② 的色调。从那所突出的别墅的花园望去，无论如何是一片苍凉景象——我承认，偶尔有个不为所动的怪人会轻易把这种景象说成沉闷。所以那些热爱这种景色、深思熟虑的人总会在一开始就发起反攻，欣然宣布这种景象具有忧伤情调，从而把战争打进敌人的国家。肯定恰恰就是这种情况滋长了刚才我感到疑惑的那种抹杀历史的感觉。这种气氛就好像在一间屋子里，你只感觉到什么东西从里面搬了过去，却没有看见它。放眼望去，有一种一马平川的景象，这尽管在很大程度上取决于是什么样的日子，但更取决于是什么样的时刻，即便是在最坏的情况下，一切都过于细微，也不能说是难看。每当小巧紧凑的金字塔形的拉伊，头上顶着它那规模宏大但半途而废的教堂，全身沐浴着西下的夕阳时，它便尽情展现自己的色彩，于是古老的棕色变红了，古老的红色变紫了，这才是最佳的时刻。这种黄昏的色调现在几乎成了拉伊硕果仅存的能够给人提供的东西，然而确实有那么几次我曾经看到过那种奇幻的效果。不过我想，教堂的塔楼——在色调更加古怪的时候仅仅像一枚大扣子，像针插上的一个疙瘩——如果再有增加几英尺的高度所具有的优雅，加上它现在完美的地理位置，那可能会是怎样一副面目呢，想到这里，我不禁慨然长叹。然而，每当幽思重重的

---

① 透纳（1775—1851），英国风景画家，擅长水彩画，融合油画与水彩技法，追求光与色的效果。

② 克劳德·洛兰（1600—1682），法国风景画家，革新古典风景画，追求理想境界，开创表现大自然的诗情画意的新风格。

观察者心里嘀咕，这地方只要是法兰西或意大利的，无论是塔还是山都会高一些时，就出现一种沮丧和屈辱的感觉。事实上，它这副小鸟依人、楚楚可怜的样子也正是因为它具有家常的英格兰特色。即便是这种情景，想象力仍能纵横驰骋。那片茫茫的平原从温切尔西山向东延展开去，在这片广袤单调的平原上，夕阳西下时从较近的一块地势有利的高地上望去，拉伊看上去绝像一条浮游的巨船，吃水线异常分明，船身从头到尾一清二楚。这片茫茫的地域就是罗姆尼大沼泽，今天已经不是沼泽了，经过漫长的岁月后，水干涸了，地经过整治，成了一片广阔的牧场，"新"罗姆尼城不再是一个海港——绝不是那狭小的五港中的一个——它已经在老远的一头成熟为黄褐色了，而别的一些不起眼的魅力，只有零零落落在它的胸脯上慢条斯理骑车的人才能心领神会。这些魅力有难以描绘的一些古老的小"景致"，然而一旦看见，人就会怦然心动，还可以认出来；还有一座座孤零零的小农场，红乎乎的，灰秃秃的，还有一座座鼠褐色小教堂，还有一座座好像专门为长长的阴影和夏日的午后而建立的小村庄。布鲁兰克、老罗姆尼、艾维彻奇、迪姆彻奇、利德，毫无疑问，它们有着这样一些可爱的名字。然而，应当指出的一点是，如果以小比大——在小东西可亲的时候人们总要这么做的——如果拉伊连同它的山岩，它的教堂都是圣米歇尔山的缩影，那么当夏意渐浓，日影变短，草原上，骑马的牧羊人带着牧羊犬从你眼前经过时，你就会由这片温和的英格兰"沼泽"回想起罗马平原。

老萨福克

　　我是 8 月初到萨福克郡的，我现在也拿不准，在此之前，除了对于一个供奉着科波菲尔的出生地的地区怀有一份众所难免的感情外，我意识到了跟这个地方还有什么个人纠葛。在这一点上，《大卫传》开头的几句话就为我年轻时代的想象提供了一个方便的落脚点，尽管长期以来从未重温昔日的记忆，但今天回想起那几句话来，还是对早期的印象之深再次感到惊诧。这一印象确实就是千千万万读者的荣幸，他们认为是狄更斯发射出了对浪漫派最初回应的光芒，认为那就等于吃了第一口智慧果，从此口里余味永存。就是一些名字伟大的创始人也能给它们赋予缤纷的色彩，这样一来，它们所代表的事物你还未曾接触，就已经成了一部分生动的经历。所以对于一个遇到这种感情的袭击就束手待毙的人来说，接触真的到来的时候，要他估算所存图画的数量，要他指点画廊的核心，要他追溯这种相识的历史，则是十分困难的。诚然，对于多愁善感这棵神株仙草来说，稚嫩时切不可浇水过多。到了适当的时候，它必定开花，在某种情况下，便长成布兰德斯通的那种枝繁叶茂的形象——对了，我看到最近出版的一些地名词典中将"布兰德斯通"印成了"布兰德斯顿",感到十分遗憾。这比极成问题的圆滑手法更令人伤心。狄更斯笔下的"鸦巢"完全是就地取材,干脆就永远把它固定下来,他使那个科波菲尔家的摇篮沾了这个可爱的名字的光;或者我应该说得更确切一点,他让那个可爱的名字和默默无闻的角落沾了一种抹不掉的联想的光:凡此种种使我更加羞愧难当,由于没有找到那种适当的下午——它确实应当长得要命——去参拜那个令人神往的小教堂,在那里,每逢大卫昏昏欲睡的礼拜日,人们往往沉湎于费兹的素描里面。按照先前的观点,不去教堂是亵渎神明的表现,这次之所以未去,一个原因无疑是,在英格兰,从前旮旯儿里的一切都有相关的笔触和插图的情调,而且,尤其在金色的 8 月,由于对每一丛灌木都有一种印象,无论你走到哪里,触目的景象很容易使你流连忘返、心满意足。我承认,另外的一个原因一定是几年前我访问过一次辟果提的老家,给人留下的记忆却有点儿消沉,那里本来应当是"令人触景生情的",但事实证明,它已经把那种魅力几乎消磨殆尽,时至今日留给想象的已所剩无几了。应当记住的一点是,从布兰德斯通坐车到大雅茅斯非常近便。然而,大雅茅斯,由于有绵延一英里的伦敦化的滨海区,由于黑人歌谣泛滥,现在连续不断地奏出错误的音调,所以我立即感到这对于探索精神等于冷水浇头。

因而,这一回,我就让那种精神自由驰骋一番;这一个月的大部分时光,我发现自己一心要在自己的表面文章所发出的余响中为一颗坦诚的心找出一番深意,而且注视着它可以代表的任何东西由于注入了强烈的滋养而逐渐泛出红光，如果我千方百计表达这层意思，我也许就可以清楚地表明自己的想法。就此而言，在英格兰，用不着这块土地上的任何神奇的角落来拨动琴弦。古老平常的乡村东西做这件事已绰绰有余，接触这些东西之所以具有魅力，部分原因就在于它们不需要人唱高调。那么这种魅力除了一片司空见惯的东西外，到底是什么呢？丰富的想象，萦绕的记忆，它们本身就足以说明问题，因此就可以玩得既开心又经济，节省到只需一辆好点的自行车的开销。既然我把话说到这种分儿上，其实毫无疑问，自行车走那些路还嫌太吃亏。在这一带道路越曲折，就像亚里士多德式的悲剧，往往越能引起哀怜与恐惧，然而和其他道路一样，它们大都通向红嫣嫣、绿茵茵的小村。这样归结起来，无非是说，从美学观点上讲，好多天以来，我具有那种真正紧张的生活的温馨感，却花钱不多。所谓花钱不多，我指的是公共展览，要进去看看，你就得掏腰包，甚至被敲竹杠，还有可能见到的是失望树，尝到的是败兴果。老萨福克的总体美，尤其是激发我提起笔来的那种幽深的美，就在于这一切使你与那种失望的危险了不相涉。

我倒想看看在荒凉优美的邓尼奇什么人会在什么事情上感到失望。在这里阴郁的低调奏得精当之极，再用不着长吁短叹，再用不着蒙受失落；在这里待一个月，对于感受者，对于内心的感悟能力，是一种实实在在的教育。如果对它做一种比较明确的解释，那就是这里的环境使你不以对待某些僻静地区的态度去对付贫瘠的现象，而是去对付在很大程度上其实压根儿就不复存在的东西。邓尼奇甚至连它死去的自我的鬼魂都不是；关于它，你能说的无非是构成它的那个古老的名字的几个字母。上上下下绵延数英里的海岸，在不可胜数的世纪里，一直遭受大海的咬啮。它那实实在在的生活，现在全盘都沉没在日耳曼洋底，而这片汪洋却像一头反刍野兽，像一张永不满足、永不疲倦的嘴，永远在动。这只怪物不偏不倚，一直保持着这种漫长、人为的直溜溜的状态，很少有这么凄凉的景象了——很少有这么因为悲哀而免除其单纯丑陋的景象了。如果落潮时你在岸上漫步，不高的悬崖给你亮出一道堤防，剔得光光的，活像一根骨头；对于这片土地总体的谦虚、总体的温馨，你能说的好话无非是，对于想象来说，这种拉锯作用赋予这块土地的是一种趣味、一种神秘，这就使它得大于失。有史以来，这块土地延伸进城镇，延伸进海角，而现在只剩下一只骷髅上的两个空眼窝来显示它们昔日的存在。而全景的一半效果，印象的一半秘密，以及我认为我可以称之为独特的根由的则是依稀可见的残破景象。反正对于一个能进行真正的思索的头脑来说，情况就是这样。失落中有存在——稀少中有历史。今天正因为它稀少，所以一点一滴都弥足珍贵。

最大的两点当然是那两座废墟——大教堂及其高高的塔楼，现在仍然耸立在崖边上，还有小隐修院环形大院坍塌了的爬满常春藤的围墙。这些东西几乎失去了每一种优雅，但仍然继续它们从事了几个世纪的事业，而这只能说是神秘上再添神秘。这种积累，尽管眼下大得惊人，但由于沉思的人像今日缩小了的邓尼奇一样，对这种现象浑然不觉，所以对他而言，这只不过是问题的始末。我赶紧得补充一句，这仅仅是对沉思者而言，而我的话是从他的角度说的。那种神秘永远响在汹涌连续的海潮中，悬在漫长宁静的夏日里，悬在低洼的用海堤围起来的田野上，悬在浓厚的柔光下。我们玩味它就像玩味那个没有答案的问题，那个一去不复返的精神和态度的问题，那个被淹没了的小城的问题。因为它从前就是一座城市，是萨福克的主要港口，尽管遗迹十分贫乏，但仍然可以看得出来，它有一支自己的舰队在北海游弋，有一座大教堂在山上耸立。我们真不知道当时有什么明显的安全条件，一个社区根据什么粗略的估算要在这里立足，结果葬送了前程。今天，在这里把这一整套事件想成一个重大的错误倒令人轻松自在。然而斯温伯恩先生[①]在气势非凡的诗里，对种种可能的考虑非常大胆，他的眼光正确，而且比我的远大得多。若要了解别的看法，还可以读一读《爱德华·菲茨杰拉德[②]书信集》，此人为萨福克的名流，好发奇思异想，他在伍德布里奇艰难度日，大半生在这一带流连，他在那些令人欣喜的篇章中留下了从他那破裂、甜美的乐器上奏出的古怪乐曲的回声，供那位争奇好胜的游客享用。我依稀记得他专门吟诵过在小隐修院墙头开放的那种娇花——浅淡的邓尼奇玫瑰。那位争奇好胜的游客就在昨天，乘那种最低俗的交通工具——不过他心里明白这种

---

① 斯温伯恩（1837—1909），英国诗人。

② 菲茨杰拉德（1809—1883），英国作家，他译的波斯诗人奥马尔·哈亚姆的《鲁拜集》为英国文学中的精品。

工具他必须在使用时适可而止——在温馨的午后，遵照这些蛛丝马迹，穿过这片土地，一直走到遥远的奥尔德堡古镇，也就是诗人克雷布的出生地和纪念"区"。

菲茨杰拉德对克雷布一片赤忱，对于在那片把温馨的萨福克公地——我来时一片罕见的紫红和金黄——几乎带到海边的辽阔低平的石南荒地中异军突起的这块小小的断裂地，也同样情有独钟。然而，我们也并非总是能获得我们勇敢求索的那种印象。毫无疑问，我们倒是获得了另外一种印象，它同样也适合这里可能正等着要留下印象的任何一种特色；那片滨海区，也就是那小小的"小艇船坞"的那点儿小斯文，一如一个四流海滨游憩地的小斯文一样，显然在最近几年里，已经屏弃了那点儿老特色，所以如果硬要把菲茨杰拉德与那点儿小斯文扯到一起还不大容易的话，为了弥补这一点，人们至少不是依赖那种天才善摆噱头的总体意识，而是凭借奥马尔·哈亚姆的歌手身上那种特殊的混合美，其中总有一样由于为他提供了那样一个布景场所，所以才能激发他的想象力尽情发挥。就此而言，奥尔德堡的克雷布也许更加不可思议——我是说，一个人利用魔法驱除了现代庸俗的小小的积淀，那块地方也就所剩无几了。所剩的无非是那片岩石遍地的海滩，猛烈异常的大风，挤成一团的渔舍，和那条由体面、朴素、有铺面的住宅形成的短小宽阔的街道。这些就是历史意识中的个人情绪——也就是一些顾盼，我们有一阵子，或者不如说在电光石火般的一瞬间，通过那些顾盼重新发现了那种尽管险恶却能够产生杰作或者无论如何也是经典的环境。风吹浪打之中，古风故俗竟寥落若此！如果选送一名议员就是一大特色，那么到选举法修正法案出台时，死气沉沉的邓尼奇竟然已经选送了两名，那又有什么大惊小怪的呢？

我所谓的顾盼，在那天下午的"转悠"中总是形影相伴向四面八方进行的。一开始，随随便便左顾右盼一下邓尼奇本身，最后，你只要有时间深入内地，就得极目四顾；望到尽头——这一点极为重要——在那种恬静的生动中，你就可以看见一系列清幽的景象，你蛮可以从中领略出英国这个扑朔迷离的世界中那种婉娩柔情的老故事。如果不是那个可以作为故事的召唤放在花饰下的恒久不断的字眼在喃声细语，我简直不知道数周来是什么在我的耳边叽咕。然而这个字眼最终也不会比逆耳的忠言更中听。好啦，你就这么的了，甚至就像我昨天在韦塞尔顿，带着那尽管羞羞答答，却能表现自己的特殊"价值"，在那家可爱的红色老客店歇脚，要了一瓶柠檬汁外加一份"烈酒"作为奇异的提神剂——从而了却了一桩心愿。烈酒也只不过是啤酒而已，不过提神解乏的效果极强。在一条擦得亮堂堂的走廊的尽头，有一间黑糊糊的、小小的后客厅，它的窗户透进一个绿茵茵小花园受到阻隔的光，外面隐隐约约浮现出一个朦朦胧胧、裹得严严实实的斯芬克司式的身影——原来那是一位老婆婆，她总想给人絮叨她患"最狠毒的"风湿病坐在那儿熬过的漫漫岁月。看见这种景象，心里同样为之一震。同样给人深刻的刺激的——而且在这些没有回味的情况下——则是那些漂亮的小猎苑门，你从门里穿过，绕着墙壁和树篱而行，墙篱后面有个庞然大物，也是别的一切相形见绌的庞然大物，也就是那座深沉、幽静的家宅，它坐落在田亩中间，恰恰是由于它默默无闻，更使你感触良深。在这个国家里，名胜的宜人景物比起那些湮没无闻的来，根本不值一提，这倒是一个屡屡出现的迷人的教训。这种印象又使你心悦诚服地调头返回邓尼奇，而且首先可能返回我不妨说那座小隐修院曾经平躺着的地方，现在则把大轮廓安放在一度还是高地的地方，后面更高一点的地方，少不了还有座"大"宅子，它为了图幽静，被环抱在一座整齐浓密的树林里。这里和别的地方一样，景物展示出种种错落有致的形态。山脚下有十来座村舍，村子的规模已经缩小到了这种地步，我听说，不过他自己是绝对听不见的，其中一座村舍里住着一位耄耋老者，他会扳着手指头给你数他这一辈子所看到的那些田亩总体消失的情况，直到把指头数完为止。他喜欢述说他从前耕作的地方现在只由大海耕作。然而，邓尼奇仍然会拖过他的余年，而其他许许多多的人的余年——重复一下我的暗示——不妨扯到这里来（不过，我希望不要援引这几行措辞谨慎的事例），好让他们自行判断几样元素可以组合成多少含义。毕竟，当"组合"真正主宰一切时，人们决不会感到厌烦的。组合正好就是按那棕色的小村治理自己的方式主宰一切的，而教堂灰色的方塔也不卑不亢地从树林中探头张望，这些树林正好使我回想起伯克特·福斯特的卷首插图上的树林，它曾经使年幼轻信的我以为这就是英国的精华。让我替老萨福克直截了当地说句话，这种轻信到头来发现在这里比以往任何时候都更有道理。也许让我再说一句，英国的这种精华有一种办法能在乡村风物的任何偶然结合中完整地表现自己，所以，无论你身处何方，你都能领略到那种缩小、简化了的整体风貌。大宅及其树林总是近在眼前；总是有"一帮人"，在射猎空闲时，要搞一些保持着乡村绿色传统的农村体育运动。入口低矮的黄褐色客店，莎士比亚笔下的"酒馆"，古老的啤酒池，打量着那片开阔的地域，带着一种古时候讲故事的嘎吱声，招摇着卡拉巴侯爵的幌子。在客店的视野之内，漂亮的姑娘们从侯爵的轻便游览马车上下来；戴着单眼镜和新礼帽的小伙子们紧挨着她们坐在专门为她们摆下的长凳上，多亏有这种景象，这位民俗观察家才对从出自女作家之手的陈腐小说中搜集到的形象有了一点了解：为了女主人公高兴，小伙子要陪她上猎场或舞场。归根结底，复杂的上层建筑最后所依托的总是这班庄稼汉——土地上的这班乖孩子们。

临了，总算发现庄稼汉弓着的宽厚的脊背才是一座建筑的基础，发现这种长处，无疑是乡绅和牧师从中演化出来的那个种族的一种明智之举。庄稼汉在那里精神抖擞——参加农村体育活动——精神抖擞也罢，无精打采也好，和妻女一道在田野上追赶一头油尾巴猪，他们的影子拖得长长的，他们的心里乐滋滋的。猪抓住以后，由庄稼汉揪着，乡绅夫人便在帐篷里发奖，表彰他们的英勇。要是他讲究体面，不曾拖欠租金，过后就可以进入林中的草地，在那里等待他的是一个乐队和一顿有啤酒、面包和香烟的便餐。

我提及的这些事情只是一些轻音，然而画面并不是空得奏不响强音。邓尼奇的最强音其实是那个根本不曾窜改音阶就由于填满了画面而不同凡响的音。乡村体育活动的冠军非水兵莫属；当然，在英国，对于乡村绿野来讲，再没有比不列颠的乡村更能掌握令人叫绝的与周围形成交替呼应美景的地方了。我常有一个梦想，对于一个文人来说，理想的避难所就是一座安置在海岸上，周围驻扎着海军部队来保护的小屋。我记得在老家——在纽约和波士顿——听人说，最好的住处就是消防车车库隔壁，由此类推，在邓尼奇，我便想在一个海岸巡逻站的附近地区寻求安宁和平，这种巡逻站遍布在英国边缘，间距很短，建立在岩石上、沙滩上、荒地上，粉刷得雪亮，涂过柏油，干干净净，至少也达到了一个大国在理论上应该达到的干净的程度，每一个都自成英帝国的一个缩影。正是因为各自都是一幅缩影，不知什么缘故你的反应总带有一种激动；而且这件事情变得十分具体，就像你在该机构的三四个办事员身上发现了各种良好的教养和许多交流的乐趣以后所希望的那样。事实上，后面这一发现中最主要的还是那编造故事的天赋。这种天赋因人而异，但它处处都像一块雕琢过的红宝石一样，光彩夺目。但愿那最后的黑暗早些结束，我就用不着替水兵操心了！——不过，我赶紧得补充一句，在这些杂乱无章的札记中，我大力推荐人们去浏览的并不是这种个人的偏爱。且让我提一提下面的事情，权当一种表示，那就是，如果今年夏天，海军部队没有按照我的全盘理论提供这个漫长的享受文学的早晨借以忘却一切，一心关注自己——纯属异想天开——的那种保护，错误完全在我。